İtalyan Mutfağı

Geleneksel Tariflerle İtalyan Mutfağına Yolculuk

Alessia Gregori

İÇİNDEKİLER

Ragù'da Doldurulmuş Tavuk 10

Kavrulmuş Haşlanmış Tavuk 13

Tuğla Altında Tavuk 16

limonlu tavuk salatası 18

İki Biberli Tavuk Salatası 21

Piedmont Usulü Tavuk Salatası 24

Hindi Göğsü Doldurma 27

Haşlanmış Hindi Köfte 29

Kırmızı Şarap Domates Soslu Hindi Ruloları 32

Ekşi Tatlı İncirli Ördek Göğsü 34

Baharatlı Kızarmış Ördek 37

Porcini ile tavada bıldırcın 39

ızgara bıldırcın 42

Domates ve Biberiye ile Bıldırcın 44

Kızarmış Bıldırcın 46

Floransa Usulü Izgara Biftek 53

Balzamik Sırlı Biftek 55

Arpacık Arpacık, Pancetta ve Kırmızı Şarap ile Shell Steaks 57

Rokalı Dilimlenmiş Biftek 59

Gorgonzola ile Bonfile Biftek 61

Domates Soslu Doldurulmuş Dana Sarma 63

Sığır Eti ve Bira 65

Sığır Eti ve Soğan Yahnisi 67

Biberli Dana Güveç 69

Friuli Usulü Sığır Yahni 71

Avcı Usulü Karışık Et Yahnisi 73

sığır gulaş 76

Öküz kuyruğu Yahnisi, Roma Usulü 79

Kızarmış Dana Şaft 82

Patlıcan Dolması 84

Napoliten Köfte 86

Çam Fıstığı ve Kuru Üzümlü Köfte 88

Lahana ve Domatesli Köfte 91

Köfte, Bolonya Usulü 94

Marsala'da köfte 97

Köfte, Eski Napoli Usulü 99

Kırmızı Şaraplı Kızartma 101

Soğan Soslu ve Makarnalı Kızartma 103

Sicilya Dolması Sığır Eti 106

Zeytin Soslu Kızarmış Bonfile 109

Karışık Haşlanmış Etler 111

Venedik Usulü Kalamar 115

Enginar ve Beyaz Şarap ile Kalamar 117

ızgara kalamar dolması 119

Zeytin ve Kapari Dolgulu Kalamar 121

Kalamar Dolması, Roma Usulü 124

Mauro'nun Rezene ve Portakallı Izgara Ahtapotu 126

Domates-Kızarmış Ahtapot 129

Kabuklu Salata 131

Acı Soslu Deniz Kabuğu 134

Deniz Mahsüllü Kuskus 137

Karışık Balık Kızartması 140

Molise Usulü Balık Yahnisi 142

Tavuk Pirzola Francese 148

Fesleğenli ve Limonlu Tavuk Pirzola 151

Adaçayı ve Bezelye ile Tavuk Pirzola 153

Gorgonzola ve Cevizli Tavuk 155

Salatalı Tavuk Pirzola 157

Hamsi Soslu Tavuk Ruloları 160

Kırmızı Şarapta Tavuk Ruloları 162

"Şeytan" Tavuğu 164

Çıtır Kızarmış Tavuk 166

Marine edilmiş ızgara tavuk 168

Patates ve Limonlu Fırında Tavuk 170

Country Usulü Tavuk ve Sebzeler 172

Limonlu ve Beyaz Şaraplı Tavuk 176

Sosisli ve Biber Turşulu Tavuk 179

Kereviz, Kapari ve Biberiyeli Tavuk 182

Roma Usulü Tavuk 184

Sirke, Sarımsaklı ve Acı Biberli Tavuk 186

Toskana Kızarmış Tavuk 188

Prosciutto ve Baharatlı Tavuk 191

Avcının Karısı Tarzında Tavuk 193

Porcini'li Tavuk 196

zeytinli tavuk 198

Vin Santo ile Tavuk Ciğeri 200

Biberiyeli Kavrulmuş Tavuk 202

Adaçayı ve Beyaz Şarap ile Kavrulmuş Tavuk 205

Kızarmış Domuz Usulü Tavuk 207

Marsala ve Hamsi ile Kavrulmuş Tavuk 209

Doldurulmuş Kavrulmuş Capon 212

Baharatlı Kaburga, Toskana Usulü 215

Kaburga ve Fasulye 217

Biber Turşusu ile Baharatlı Domuz Pirzolası 219

Ragù'da Doldurulmuş Tavuk

Pollo Ripieno al Ragù

6 porsiyon yapar

Babaannem bayramlarda ve özel günlerde tavuğu bu şekilde yapardı. Doldurma, tavuğu sadece içeriden tatlandırmakla kalmaz, aynı zamanda sosa dökülen her şey ona ekstra lezzet verir.

Cömert miktarda sos tavuğu çevreleyecektir. Başka bir öğünde makarna ile servis etmek için kenara ayırabilirsiniz.

8 ons ıspanak, kesilmiş

8 ons öğütülmüş dana eti

1 büyük yumurta, dövülmüş

¼ su bardağı sade kuru ekmek kırıntısı

¼ su bardağı taze rendelenmiş Pecorino Romano

Tuz ve taze çekilmiş karabiber

1 tavuk (3 1/2 ila 4 pound)

2 yemek kaşığı zeytinyağı

1 orta boy soğan, doğranmış

½ su bardağı sek beyaz şarap

1 (28 ons) konserve domates, bir gıda değirmeninden geçirilmiş

1 defne yaprağı

1. Ispanağı 1/4 bardak su ile orta ateşte büyük bir tencereye koyun. Örtün ve 2 ila 3 dakika veya solana ve yumuşayana kadar pişirin. Süzün ve soğutun. Ispanağı tüy bırakmayan bir beze sarın ve mümkün olduğunca fazla suyunu sıkın. Ispanağı ince ince doğrayın.

2. Büyük bir kapta doğranmış ıspanak, dana eti, yumurta, galeta unu, peynir ve tuz ve karabiberi tatlandırın. İyice karıştırın.

3. Tavuğu durulayın ve kurulayın. İçine ve dışına tuz ve karabiber serpin. Tavuk boşluğunu doldurma ile gevşek bir şekilde doldurun.

4. Büyük, ağır bir tencerede, yağı orta ateşte ısıtın. Tavuğu göğüs tarafı aşağı gelecek şekilde ekleyin. 10 dakika veya kızarana kadar pişirin. Tavuk göğsü tarafını yukarı çevirin. Soğanı tavuğun etrafına dağıtın ve yaklaşık 10 dakika daha kahverengileştirin. Arta kalan iç harcı tavuğun etrafına dağıtın. Şarabı ekleyin ve 1 dakika pişirin. Tavuğun üzerine tat vermek

için domatesleri, defne yaprağını ve tuz ve karabiberi dökün. Isıyı düşürün ve tavayı kısmen örtün. 30 dakika pişirin.

5. Tavuğu dikkatlice çevirin. Kısmen kapalı olarak 30 dakika daha pişirin. Sos çok inceyse, tavayı açın. 15 dakika daha veya çatalla test edildiğinde tavuk kemikten ayrılana kadar pişirin.

6. Tavuğu sostan çıkarın. Tavukları didikleyip tepsiye diziyoruz. Sostaki yağı büyük bir kaşıkla veya yağ ayırıcıyla alın. Sosun bir kısmını tavukların üzerine gezdirip sıcak servis yapın.

Kavrulmuş Haşlanmış Tavuk

Pollo Bollito Arrosto

4 porsiyon yapar

Lise günlerinden bir arkadaşım olan Leona Ancona Cantone, ailesi Abruzzo'dan gelen annesinin yıllar önce buna benzer bir şey yaptığını söyledi. Tarifin bir tavuktan en iyi şekilde yararlanmanın bir yolu olarak ortaya çıktığını hayal ediyorum çünkü hem et suyu hem de kavrulmuş et sağlıyor. Kaynatma ve kızartma yöntemi çok hassas bir kuş yapar.

1 tavuk (3 1/2 ila 4 pound)

1 havuç

1 kereviz kaburga

1 soğan, soyulmuş

4 veya 5 dal maydanoz

Tuz

2/3 su bardağı sade ekmek kırıntısı

1/3 su bardağı taze rendelenmiş Parmigiano-Reggiano

½ çay kaşığı kurutulmuş kekik, ufalanmış

2 ila 3 yemek kaşığı zeytinyağı

2 yemek kaşığı limon suyu

Taze çekilmiş karabiber

1. Kanat uçlarını arkadan sıkıştırın. Tavukları geniş bir tencereye alıp üzerini geçecek kadar soğuk su ekleyin. Sıvıyı kaynatın ve 10 dakika pişirin. Büyük bir kaşıkla köpüğü alın.

2. Tatmak için havuç, kereviz, soğan, maydanoz ve tuzu ekleyin. Orta-düşük ateşte tavuğun en kalın kısmına bir çatalla delinene ve meyve suları berraklaşana kadar yaklaşık 45 dakika pişirin. Tavuğu tencereden çıkarın. (Et suyuna et veya tavuk parçaları gibi daha fazla malzeme ekleyebilir ve 60 dakika kadar daha pişirebilirsiniz. Et suyunu süzün ve soğutun veya çorbalar veya diğer kullanımlar için dondurun.)

3. Fırının ortasına bir raf yerleştirin. Fırını 450 ° F'ye önceden ısıtın. Büyük bir fırın tepsisini yağlayın.

4. Bir tabakta galeta unu, peynir, kekik, zeytinyağı, limon suyu, tuz ve karabiberi tatmak için karıştırın.

5. Ağır mutfak makası ile tavuğu servis parçalarına ayırın. Tavuğu kırıntılara batırın ve yapışması için hafifçe vurun. Tavuğu hazırlanan fırın tepsisine yerleştirin.

6. 30 dakika veya kabuk kızarana ve gevrekleşene kadar pişirin. Sıcak veya oda sıcaklığında servis yapın.

Tuğla Altında Tavuk

Pollo al Mattone

2 porsiyon yapar

Bir ağırlık altında pişirilen parçalanmış, yassı tavuk dışı çıtır çıtır ve içi sulu olur. Toskana'da, tavuğu düzleştiren ve tavanın yüzeyinde eşit şekilde tutan özel bir ağır pişmiş toprak disk satın alabilirsiniz. Ağırlık olarak dışı alüminyum folyo ile kaplanmış ağır bir dökme demir tava kullanıyorum, ancak folyoya sarılı sıradan tuğlalar da iyi iş görecek. Bu tarifte çok küçük bir tavuk hatta bir korniş tavuğu kullanmak önemlidir; aksi halde etin kemiğe yakın kısmı pişmeden dışı kurur.

1 küçük tavuk (yaklaşık 3 pound)

Tuz ve taze çekilmiş karabiber

⅓ su bardağı zeytinyağı

1 limon, dilimler halinde kesilmiş

1. Tavuğu kurulayın. Büyük bir şef bıçağı veya kümes hayvanı makası ile tavuğu omurga boyunca ayırın. Bir kesme tahtası üzerinde, tavuğu kitap gibi düz bir şekilde açın. Göğüsleri ayıran omurga kemiğini kesin. Eklemdeki kanat uçlarını ve ikinci kanat

bölümünü çıkarın. Lastik bir tokmak veya başka bir ağır cisimle hafifçe vurarak tavuğu düzleştirin. Her iki tarafına bolca tuz ve karabiber serpin.

2. Yassılaştırılmış tavuğu ve ağırlığı tutacak bir tava seçin. Tavuğu eşit şekilde bastırabilecek ikinci bir ağır tava veya tava seçin. Alt tarafı folyo ile kaplayın, sabitlemek için folyo kenarlarını tavanın iç kısmına katlayın. Ağırlık için gerekirse, folyo kaplı tavayı tuğla ile doldurun.

3. Yağı pişirme tavasına dökün ve orta ateşte ısıtın. Tavuğu deri tarafı aşağı gelecek şekilde ekleyin. Ağırlığı üstüne yerleştirin. Cilt altın kahverengi olana kadar 12 ila 15 dakika pişirin.

4. Tavuğu tavadan gevşetmek için tavuğun altına ince bir spatula kaydırın. Tavuğu deri tarafı yukarı bakacak şekilde dikkatlice çevirin. Ağırlığı değiştirin ve tavuğu but delindiğinde suları berraklaşana kadar yaklaşık 12 dakika daha pişirin. Limon dilimleri ile sıcak servis yapın.

limonlu tavuk salatası

Insalata di Pollo al Limone

6 porsiyon yapar

Çok sıcak bir yaz günü, Fransa sınırına yakın Liguria'da Bordighera'dayken öğle yemeği ve güneşten kaçmak için bir kafede durdum. Garson, bana birkaç gün önce Fransa'da yediğim salade niçoise'ı hatırlatan bu taze yapılmış tavuk salatasını tavsiye etti. Konserve ton balığı Nice'e özgüdür, ancak tavuklu bu İtalyan versiyonu da iyidir.

Bu hızlı bir tavuk salatası, bu yüzden tavuk göğsü kullanıyorum ama bütün tavuklardan elde edilen etle yapılabilir. Tavuk önceden pişirilebilir ve sosta marine edilebilir, ancak sebzeler, pişirildikten sonra soğutulmazlarsa en iyi tadı verirler. Salatayı birleştirmeye hazır olana kadar oda sıcaklığında bir saat kadar tutabilirsiniz.

4 bardak ev yapımı <u>Tavuk suyu</u> veya mağazadan satın alınan et suyu ve su karışımı

Yukon altın gibi 4 ila 6 küçük mumsu patates

8 ons yeşil fasulye, 1 inçlik parçalar halinde kesin

Tuz

2 pound kemiksiz, derisiz tavuk göğsü, yağı kesilmiş

Pansuman

½ su bardağı sızma zeytinyağı

2 yemek kaşığı taze limon suyu veya tadı

1 yemek kaşığı kapari, durulanmış, süzülmüş ve doğranmış

½ çay kaşığı kurutulmuş kekik, ufalanmış

Tuz ve taze çekilmiş karabiber

2 orta boy domates, dilimler halinde kesin

1. Gerekirse suyu hazırlayın. Patatesleri bir tencereye koyun. Üzerini geçecek kadar soğuk su ekleyin. Tavayı örtün ve suyu kaynatın. Bıçakla delinene kadar yaklaşık 20 dakika pişirin. Patatesleri boşaltın ve biraz soğumaya bırakın. Derileri soyun.

2. Orta boy bir tencereye su kaynatın. Tatmak için yeşil fasulye ve tuz ekleyin. Fasulyeler yumuşayana kadar yaklaşık 10 dakika pişirin. Fasulyeleri boşaltın ve akan su altında soğutun. Fasulyeleri kurulayın.

3. Büyük bir tencerede suyu kaynama noktasına getirin (eğer yeni yapılmadıysa). Tavuk göğüslerini ekleyin ve tencerenin kapağını kapatın. Tavuğu bir kez çevirerek, 15 dakika veya yumuşayana ve tavuk suları çatalla delindiğinde berrak akana kadar pişirin. Tavuk göğsünü boşaltın, suyu başka bir kullanım için saklayın. Tavuğu çapraz dilimler halinde kesin ve orta boy bir kaba koyun.

4. Küçük bir kapta, sos malzemelerini birlikte çırpın. Sosun yarısını tavukların üzerine dökün. Kaplamak için parçaları iyice atın. Tatlandırın ve baharatı ayarlayın. Tavukları geniş bir tepsinin ortasına dizin. Örtün ve 2 saate kadar soğutun.

5. Tavuğun etrafına yeşil fasulye, patates ve domatesleri dizin. Kalan sosu gezdirin ve hemen servis yapın.

İki Biberli Tavuk Salatası

Insalata di Pollo con Peperoni

8 ila 10 porsiyon yapar

Hem közlenmiş biber hem de acı biber turşusu bu salataya ilgi katıyor. Kiraz biber yoksa, jalapeno veya peperoncino gibi başka bir salamura şili yerine koyun. Kendi biberinizi kavurmak için vaktiniz yoksa, közlenmiş biber uygundur. Bu tarif çok fazla tavuk yapar, bu yüzden bir parti için harikadır. Tercih ederseniz, tarif kolayca yarıya indirilebilir.

2 küçük tavuk (her biri yaklaşık 3 pound)

2 havuç

2 kereviz kaburga

1 soğan

Birkaç dal maydanoz

Tuz

6 karabiber

6 kırmızı veya sarı çan<u>Kavrulmuş biber</u>, soyulmuş ve ince şeritler halinde kesilmiş

Sos

½ su bardağı zeytinyağı

3 yemek kaşığı şarap sirkesi

¼ su bardağı kıyılmış taze düz yapraklı maydanoz

2 yemek kaşığı ince kıyılmış acı biber turşusu veya tatmak

1 diş sarımsak, ince kıyılmış

4 ila 6 bardak karışık bebek yeşillikleri

1. Tavukları geniş bir tencereye alıp üzerini geçecek kadar soğuk su ekleyin. Sıvıyı kaynatın ve 10 dakika pişirin. Yüzeye çıkan köpüğü bir kaşıkla sıyırın ve atın.

2. Tatmak için havuç, kereviz, soğan, maydanoz ve tuzu ekleyin. Orta-düşük ısıda tavuk yumuşayana ve suları berraklaşana kadar yaklaşık 45 dakika pişirin.

3. Bu arada gerekirse dolmalık biberleri közleyin. Tavuk pişince tencereden alın. Et suyunu başka bir kullanım için ayırın.

4. Tavuğu süzün ve soğumaya bırakın. Eti çıkarın. Eti 2 inçlik parçalar halinde kesin ve kavrulmuş dolmalık biberle birlikte bir kaseye koyun.

5. Orta boy bir kapta, sos malzemelerini birlikte çırpın. Sosun yarısını tavuk ve biberlerin üzerine gezdirin ve iyice atın. Örtün ve buzdolabında 2 saate kadar soğutun.

6. Servis yapmadan hemen önce tavuğu kalan sosla atın. Gerekirse daha fazla sirke ekleyerek baharatı tadın ve ayarlayın. Servis tabağına yeşillikleri dizin. Üzerine tavuk ve biber serpin. Hemen servis yapın.

Piedmont Usulü Tavuk Salatası

Insalata di Pollo Piemontese

6 porsiyon yapar

Piedmont bölgesinde, restoran yemekleri tipik olarak uzun bir antipasti serisiyle başlar. Bu salatayı ilk kez bölgenin klasik restoranlarından Belvedere'de tattım. İlkbahar veya yaz aylarında öğle yemeklerinde ana yemek olarak servis etmeyi seviyorum.

Hızlı bir yemek için, bu salatayı haşlanmış tavuk yerine mağazadan alınmış kavrulmuş tavukla yapın. Kavrulmuş hindi de iyi olur.

1 tavuk (3 1/2 ila 4 pound)

2 havuç

2 kereviz kaburga

1 soğan

Birkaç dal maydanoz

Tuz

6 karabiber

8 ons beyaz mantar, ince dilimlenmiş

2 kereviz kaburga, ince dilimlenmiş

¼ su bardağı zeytinyağı

1 (2 ons) hamsi filetosu, süzülmüş ve doğranmış olabilir

1 çay kaşığı Dijon hardalı

2 yemek kaşığı taze sıkılmış limon suyu

Tuz ve taze çekilmiş karabiber

Isırık büyüklüğünde parçalara ayrılmış yaklaşık 6 su bardağı salata yeşillikleri

Küçük bir parça Parmigiano-Reggiano

1. Tavukları geniş bir tencereye alıp üzerini geçecek kadar soğuk su ekleyin. Sıvıyı kaynatın ve 10 dakika pişirin. Yüzeye çıkan köpüğü büyük bir kaşıkla alın.

2. Tatmak için havuç, kereviz, soğan, maydanoz ve tuzu ekleyin. Orta-düşük ısıda tavuk yumuşayana ve suları berraklaşana kadar yaklaşık 45 dakika pişirin. Tavuğu tencereden çıkarın. Et suyunu başka bir kullanım için ayırın.

3.Tavuğun süzülmesine ve hafifçe soğumasına izin verin. Eti derisinden ve kemiklerinden ayırın. Eti 2 inçlik parçalar halinde kesin.

4.Büyük bir kapta tavuk parçalarını, mantarları ve ince dilimlenmiş kerevizi birleştirin.

5.Orta boy bir kapta, tatmak için yağ, hamsi, hardal, limon suyu ve tuz ve karabiberi birlikte çırpın. Tavuk karışımını sosla birlikte atın. Salata yeşilliklerini bir tabağa yayın ve üzerine tavuk karışımını ekleyin.

6.Döner bıçaklı bir sebze soyucu ile Parmigiano-Reggiano'yu salatanın üzerine kazıyın. Hemen servis yapın.

Hindi Göğsü Doldurma

Tacchino Rollata

6 porsiyon yapar

Hindi göğüs yarısını çoğu süpermarkette bulmak kolaydır. Emilia-Romagna'dan gelen bu yemekte hindi göğsü kemiklenip yassılaştırıldıktan sonra et rulo haline getirilir ve nemli kalması için üzerine deri örtülerek kavrulur. Kızartmayı sıcak veya soğuk olarak servis edin. Ayrıca limonlu mayonezle servis edilen iyi bir sandviç olur.

½ hindi göğsü (yaklaşık 2 1/2 pound)

1 diş sarımsak, ince kıyılmış

1 yemek kaşığı kıyılmış taze biberiye

Tuz ve taze çekilmiş karabiber

2 ons ince dilimlenmiş ithal İtalyan prosciutto

2 yemek kaşığı zeytinyağı

1. Fırının ortasına bir raf yerleştirin. Fırını 350 ° F'ye ısıtın. Küçük bir kızartma tavasını yağlayın.

2.Keskin bir bıçakla hindi derisini tek parça halinde çıkarın. Bir kenara koyun. Hindi göğüs etini kemikten ayırın. Göğüs kemikli tarafı yukarı gelecek şekilde bir kesme tahtası üzerine yerleştirin. Hindi göğsünü bir uzun kenarından başlayarak uzunlamasına ikiye bölün ve diğer uzun kenarın biraz altında durun. Hindi göğsünü kitap gibi açın. Hindiyi bir et tokmağıyla yaklaşık 1/2 inç kalınlığa kadar düzleştirin.

3.Hindiyi tatlandırmak için sarımsak, biberiye ve tuz ve karabiber serpin. Prosciutto'yu üstüne koyun. Eti uzun kenarlarından başlayarak rulo şeklinde sarın. Hindi derisini rulonun üzerine geçirin. Ruloyu mutfak ipi ile 2 inç aralıklarla bağlayın. Ruloyu dikiş tarafı aşağı gelecek şekilde hazırlanan tavaya yerleştirin. Yağ ile gezdirin ve tuz ve karabiber serpin.

4.Hindiyi 50 ila 60 dakika veya anında okunan bir termometrede etin iç sıcaklığı 155 ° F olana kadar kızartın. Dilimlemeden önce 15 dakika bekletin. Sıcak veya oda sıcaklığında servis yapın.

Haşlanmış Hindi Köfte

Tacchino Polpettone

6 porsiyon yapar

İtalya'da hindi, bütün olarak kavrulmak yerine genellikle parçalar halinde kesilir veya öğütülür. Piedmont'tan gelen bu somun, daha çok ezmeye benzeyen bir doku vererek haşlanır.

Bu somun sıcak veya soğuk iyidir. Birlikte servis edin yeşil sos veya taze domates sosu.

4 veya 5 dilim İtalyan ekmeği, kabukları çıkarılmış ve parçalara ayrılmış (yaklaşık 1 su bardağı)

½ su bardağı süt

2 yemek kaşığı kıyılmış taze düz yapraklı maydanoz

1 büyük diş sarımsak

4 ons pancetta, doğranmış

½ su bardağı taze rendelenmiş Parmigiano-Reggiano

Tuz ve taze çekilmiş karabiber

1 pound öğütülmüş hindi

2 büyük yumurta

¼ su bardağı antep fıstığı, kabuğu çıkarılmış ve iri kıyılmış

1. Ekmeği soğuk sütte 5 dakika veya yumuşayana kadar ıslatın. Ekmeği hafifçe sıkın ve çelik bıçaklı bir mutfak robotuna yerleştirin. Sütü atın.

2. Tatmak için maydanoz, sarımsak, pancetta, peynir ve tuz ve karabiber ekleyin. İnce doğrayana kadar işleyin. Hindiyi ve yumurtaları ekleyin ve pürüzsüz olana kadar karıştırın. Antep fıstığını bir spatula ile karıştırın.

3. Düz bir yüzeye 14 × 12 inçlik bir parça nemlendirilmiş tülbent koyun. Hindi karışımını 8 × 3 inçlik bir somun haline getirin ve bezin üzerine ortalayın. Bezi hindinin etrafına sarın ve tamamen kapatın. Mutfak ipi ile somunu rostoyu bağlar gibi 2 inç aralıklarla bağlayın.

4. Büyük bir tencereye 3 litre soğuk su doldurun. Sıvıyı kaynama noktasına getirin.

5. 45 dakika veya somun bir çatalla ortasından delindiğinde meyve suları berraklaşana kadar kısmen kapalı olarak somunu ve poşeyi ekleyin.

6. Ekmeği sıvıdan çıkarın ve 10 dakika soğumaya bırakın. Servis yapmak için açın ve dilimler halinde kesin.

Kırmızı Şarap Domates Soslu Hindi Ruloları

Salsa Rosa al Vino'da Rollatini

4 porsiyon yapar

İlk evlendiğimde, bir komşu bana ailesinin menşe bölgesi Puglia'dan bu tarifi verdi. Yıllar boyunca onunla uğraştım ve o dana pirzola kullansa da ben hindi ile yapmayı tercih ediyorum. Rulolar önceden hazırlanıp buzdolabında saklanabilir. Bir veya iki gün sonra güzelce yeniden ısıtılırlar.

4 ons öğütülmüş dana eti veya hindi

2 ons pancetta, ince kıyılmış

¼ su bardağı kıyılmış taze düz yapraklı maydanoz

1 küçük diş sarımsak, ince kıyılmış

¼ su bardağı sade kuru ekmek kırıntısı

Tuz ve taze çekilmiş karabiber

1¼ pound ince dilimlenmiş hindi pirzola, 12 parçaya bölünmüş

2 yemek kaşığı zeytinyağı

½ su bardağı sek kırmızı şarap

2 su bardağı soyulmuş, çekirdekleri çıkarılmış ve doğranmış taze domates veya süzülmüş ve doğranmış konserve domates

Bir tutam ezilmiş kırmızı biber

1. Büyük bir kapta dana eti, pancetta, maydanoz, sarımsak, galeta unu ve tuz ve karabiberi tatlandırın. Karışımı yaklaşık 3 inç uzunluğunda 12 küçük sosis şekline getirin. Hindi pirzolasının ucuna bir sosis yerleştirin. Sosisleri sarmak için eti sarın. Bir kürdan ile, ruloyu ruloya paralel olarak merkezde kapatın. Kalan sosis ve pirzola ile tekrarlayın.

2. Orta boy bir tavada, zeytinyağını orta ateşte ısıtın. Ruloları ekleyin ve her tarafını yaklaşık 10 dakika kızartın. Şarabı ekleyin ve kaynatın. Ruloları çevirerek 1 dakika pişirin.

3. Domatesleri, tadına göre tuz ve bir tutam kırmızı biber ekleyin. Isıyı düşük seviyeye indirin. Tavayı kısmen örtün. Sosun fazla kurumasını önlemek için gerektiği kadar biraz ılık su ekleyerek 20 dakika veya rulolar çatalla delindiğinde yumuşayana kadar pişirin.

4. Ruloları bir tabağa aktarın. Kürdanları çıkarın ve sosu üstüne kaşıklayın. Sıcak servis yapın.

Ekşi Tatlı İncirli Ördek Göğsü

Petto di Anatra con Agrodolce di Fichi

4 porsiyon yapar

İncir ve balzamik sirke ile sotelenmiş ördek göğsü için Piedmont'tan gelen bu çağdaş tarif, özel bir akşam yemeği partisi için mükemmeldir. Ördek göğsü orta-az pişmiş ve en kalın kısmı hala pembe olduğunda en iyi halindedir. Tereyağlı ıspanak ve patates graten ile servis yapın.

2 kemiksiz ördek göğsü (her biri yaklaşık 2 pound)

Tuz ve taze çekilmiş karabiber

8 adet taze olgun yeşil veya siyah incir veya kuru incir

1 yemek kaşığı şeker

¼ su bardağı eski balzamik sirke

1 yemek kaşığı tuzsuz tereyağı

1 yemek kaşığı kıyılmış taze düz yapraklı maydanoz

1. Ördek göğüslerini pişirmeden 30 dakika önce buzdolabından çıkarın. Ördek göğüslerini durulayın ve kurulayın. Eti kesmeden

ördek göğsünün derisine 2 veya 3 çapraz kesik atın. Bolca tuz ve karabiber serpin.

2. Bu sırada taze incirleri ikiye, büyükse dörde bölün. Kuru incir kullanıyorsanız, 15 ila 30 dakika kadar ılık suda ıslatın. Süzün, sonra dörde bölün.

3. Fırının ortasına bir raf yerleştirin. Fırını 350 ° F'ye ısıtın. Küçük bir fırın tepsisi hazırlayın.

4. Büyük bir yapışmaz tavayı orta-yüksek ateşte ısıtın. Ördek göğüslerini derili tarafı aşağı gelecek şekilde ekleyin. Ördeği çevirmeden deri tarafı güzelce kızarana kadar 4 ila 5 dakika pişirin.

5. Tavadaki ördek yağının bir kısmı ile fırın tepsisini fırçalayın. Ördek göğsünü derili tarafı yukarı gelecek şekilde tavaya yerleştirin ve 5 ila 6 dakika veya etin en kalın kısmından kesildiğinde pembe bir renk alana kadar kızartın.

6. Ördek fırındayken tavadaki yağı dökün ama silmeyin. İncir, şeker ve balzamik sirkeyi ekleyin. Tavayı çevirerek sıvı biraz koyulaşana kadar yaklaşık 2 dakika pişirin. Ateşten alın ve tereyağında çevirin.

7. Bittiğinde, ördek göğsünü bir kesme tahtası üzerine yerleştirin. Göğüsleri 3/4 inç çapraz dilimler halinde kesin. Dilimleri 4 sıcak servis tabağına yayın. Üzerine incir sosu gezdirin. Maydanoz serpin ve hemen servis yapın.

Baharatlı Kızarmış Ördek

Anatra allo Spezie

2 ila 4 porsiyon yapar

Piedmont'ta yaban ördekleri kırmızı şarap, sirke ve baharatlarla pişirilir. Amerika Birleşik Devletleri'nde bulunan Pekin cinsi evcilleştirilmiş ördekler çok yağlı olduğu için bu tarifi kavurma için uyarladım. Bir ördeğin üzerinde çok fazla et yoktur, bu nedenle yalnızca iki büyük veya dört küçük porsiyon almayı bekleyin. Kümes makası, ördeği servis parçalarına ayırmada büyük yardımcıdır.

1 ördek (yaklaşık 5 pound)

2 diş sarımsak, kıyılmış

2 orta boy soğan, ince dilimlenmiş

1 yemek kaşığı kıyılmış taze biberiye

3 bütün karanfil

½ çay kaşığı öğütülmüş tarçın

¼ su bardağı sek kırmızı şarap

2 yemek kaşığı kırmızı şarap sirkesi

1. Pişirirken yağın dışarı çıkmasını sağlamak için deriyi her yerine bir çatalla delin. Derinin sadece yüzeyini delmeye dikkat edin ve eti delmekten kaçının.

2. Orta boy bir kapta sarımsak, soğan, biberiye, karanfil ve tarçını karıştırın. Karışımın yaklaşık üçte birini orta boy bir kızartma tavasına yayın. Ördeği tavaya koyun ve karışımın bir kısmını içine doldurun. Kalan karışımı ördeğin üstüne koyun. Örtün ve gece boyunca soğutun.

3. Fırının ortasına bir raf yerleştirin. Fırını 325 ° F'ye ısıtın. Marine malzemelerini ördekten tavaya kazıyın. Ördeği göğüs tarafı aşağı gelecek şekilde 30 dakika kızartın.

4. Ördeği göğüs tarafı yukarı çevirin ve üzerine şarap ve sirke dökün. Tavadaki sıvı ile her 15 dakikada bir teyelleyerek 1 saat rosto yapın. Fırın sıcaklığını 400 ° F'ye yükseltin. 30 dakika daha veya ördek güzelce kızarana ve uyluktaki sıcaklık anında okunan bir termometrede 175 ° F'ye ulaşana kadar kızartın.

5. Ördeği bir kesme tahtasına aktarın. Folyo ile örtün ve 15 dakika dinlendirin. Tava sularını süzün ve yağı bir kaşıkla alın. Gerekirse tava sularını tekrar ısıtın.

6. Ördeği servis parçalarına ayırın ve meyve suları ile sıcak olarak servis yapın.

Porcini ile tavada bıldırcın

Tegame ile Funghi Porcini'de Quaglie

4 ila 8 porsiyon yapar

Buttrio'da, Friuli–Venezia Giulia'da, kocam ve ben 1920'lerden beri faaliyette olan bir restoran olan Trattoria Al Parco'da yemek yedik. Restoranın kalbi, bu bölgedeki evlere özgü devasa bir açık şömine olan fogolar. Friuli'deki insanlar genellikle fogolar etrafında geçirilen, yemek pişiren ve hikayeler anlatan çocukluk anılarını sevgiyle anlatırlar. Al Parco'daki sis lambası her gece aydınlatılır ve et ve mantar ızgara yapmak için kullanılır. Orada bulunduğumuz gece, zengin mantar soslu küçük kuşlar spesiyaliteydi.

1 ons kurutulmuş porçini mantarı (yaklaşık 3/4 bardak)

2 su bardağı sıcak su

8 adet bıldırcın, en sağdaki tarife göre hazırlanmış

8 adaçayı yaprağı

4 dilim pancetta

Tuz ve taze çekilmiş karabiber

2 yemek kaşığı tuzsuz tereyağı

1 yemek kaşığı zeytinyağı

1 küçük soğan, ince kıyılmış

1 havuç, ince doğranmış

1 yumuşak kereviz kaburga, ince kıyılmış

½ su bardağı sek beyaz şarap

2 çay kaşığı domates salçası

1. Mantarları en az 30 dakika suda bekletin. Sıvıyı ayırarak mantarları sudan çıkarın. Toprağın biriktiği gövde uçlarına özellikle dikkat ederek mantarları soğuk akan su altında durulayın. Ayırdığınız mantarlı sıvıyı bir bez peçete veya kağıt kahve filtresinden geçirerek bir kaseye süzün. Mantarları iri iri doğrayın. Kenara koyun.

2. Bıldırcınların içini ve dışını durulayın ve iyice kurulayın. İnce tüy olup olmadığına bakın ve çıkarın. İçine bir parça pancetta, bir adaçayı yaprağı ve bir tutam tuz ve karabiber koyun.

3. Büyük bir tavada, tereyağı ve yağı orta ateşte ısıtın. Bıldırcınları ekleyin ve ara sıra çevirerek her tarafı güzelce kızarana kadar yaklaşık 15 dakika pişirin. Bıldırcınları bir tabağa aktarın.

Tavaya soğan, havuç ve kereviz ekleyin. Sık sık karıştırarak 5 dakika veya yumuşayana kadar pişirin.

4. Şarabı ekleyin ve 1 dakika pişirin. Mantar, domates salçası ve mantar sıvısını karıştırın. Bıldırcınları tavaya geri koyun. Tuz ve karabiber serpin.

5. Sıvıyı kaynama noktasına getirin. Isıyı düşük seviyeye indirin. Örtün ve pişirin, ara sıra bıldırcınları çevirin ve bastırın, yaklaşık 1 saat veya kuşlar bir çatalla delindiğinde çok hassas olana kadar.

6. Tavada çok fazla sıvı varsa bıldırcınları servis tabağına alın ve sıcak kalmaları için üzerini folyo ile kapatın. Isıyı yükseğe çevirin ve sıvıyı azalana kadar kaynatın. Sosu bıldırcınların üzerine gezdirin ve hemen servis yapın.

ızgara bıldırcın

Qualie alla Griglia

2 ila 4 kişilik

Orvieto'daki La Badia'daki restoran, odun ateşinde pişirilen et lokantasında uzmanlaşmıştır. Sosisler, küçük kuşlar ve büyük rostolar, alevleri yavaşça çevirerek restoranı ağız sulandıran aromalarla doldurur. Mangalda veya piliçte pişirilen bu bıldırcınlar, Umbria'da yediklerimden ilham alıyor. Kuşların dışı çıtır çıtır, içi sulu olur.

4 bıldırcın, dondurulmuşsa çözülmüş

1 büyük diş sarımsak, ince kıyılmış

1 yemek kaşığı taze biberiye, doğranmış

¼ su bardağı zeytinyağı

Tuz ve taze çekilmiş karabiber

1 limon, dilimler halinde kesilmiş

1. Bıldırcınların içini ve dışını durulayın ve iyice kurulayın. İnce tüy olup olmadığına bakın ve çıkarın. Kanatlı makası ile bıldırcınları sırt ve göğüs kemiğinden ikiye bölün. Bıldırcın yarımlarını hafifçe düzleştirmek için bir et veya lastik tokmakla hafifçe dövün.

2. Büyük bir kapta, tatmak için sarımsak, biberiye, yağ ve tuz ve karabiberi birleştirin. Bıldırcınları kaplamak için karıştırarak kaseye ekleyin. Örtün ve 1 saatten geceye kadar soğutun.

3. Isı kaynağından yaklaşık 5 inç uzağa bir barbekü ızgarası veya piliç rafı yerleştirin. Izgarayı veya ızgarayı önceden ısıtın.

4. Bıldırcın yarımlarını her iki tarafı da güzelce kızarana kadar yaklaşık 10 dakika ızgara yapın veya kızartın. Limon dilimleri ile sıcak servis yapın.

Domates ve Biberiye ile Bıldırcın

Salsa'daki Quaglie

4 ila 8 porsiyon yapar

İtalya'nın güneyinde Adriyatik kıyısında yer alan Molise, ülkenin en az bilinen bölgelerinden biri. Turistler için çok az tesisle büyük ölçüde tarımsaldır ve 1960'lara kadar aslında Abruzzo ve Molise'nin birleşik bölgesinin bir parçasıydı. Kocam ve ben oraya bölgenin en iyi şaraplarından bazılarını üreten bir şarap evi ve agriturismo (aynı zamanda pansiyon olarak da faaliyet gösteren faal bir çiftlik veya şaraphane) olan Majo di Norante'yi ziyarete gittik.

Campobasso'daki Vecchia Trattoria da Tonino'da biberiye ile tatlandırılmış hafif domates sosunda hazırlanmış bıldırcın yedik. Sangiovese gibi bir Majo di Norante şarabı ile deneyin.

1 küçük soğan, doğranmış

2 ons pancetta, doğranmış

2 yemek kaşığı zeytinyağı

8 taze veya çözülmüş donmuş bıldırcın

1 yemek kaşığı kıyılmış taze biberiye

Tuz ve taze çekilmiş karabiber

3 yemek kaşığı domates salçası

1 su bardağı kuru beyaz şarap

1. Sıkıca kapanan kapaklı büyük bir tavada, soğan ve pancetta'yı zeytinyağında orta ateşte soğan altın rengi olana kadar yaklaşık 10 dakika pişirin. Malzemeleri tencerenin kenarlarına doğru itin.

2. Bıldırcınların içini ve dışını durulayın ve iyice kurulayın. İnce tüy olup olmadığına bakın ve çıkarın. Bıldırcınları tavaya ekleyin ve her tarafını yaklaşık 15 dakika kızartın. Biberiye serpin ve tatmak için tuz ve karabiber.

3. Küçük bir kapta salça ve şarabı karıştırın. Karışımı bıldırcınların üzerine dökün ve iyice karıştırın. Isıyı düşük seviyeye indirin. Örtün ve bıldırcınları ara sıra çevirerek yaklaşık 50 dakika veya çatalla delindiklerinde çok yumuşayana kadar pişirin. Sıcak servis yapın.

Kızarmış Bıldırcın

Quaglie Stufate

4 porsiyon yapar

Gianni Cosetti, Friuli-Venezia Giulia'nın dağlık Carnia bölgesindeki Tolmezzo'daki Restaurant Roma'nın şefi ve sahibidir. Geleneksel tariflere ve yerel malzemelere yaptığı modern yorumlarla ünlüdür. Orada yemek yediğimde bana bu tarifin geleneksel olarak yıllık göçleri sırasında bölgeden geçerken avlanan küçük av kuşları olan becacce ile hazırlandığını söyledi. Bugün Gianni sadece taze av kuşları kullanıyor ve pişirirken nemli ve yumuşak kalmaları için onları bir pancetta ceketine sarıyor. Onlara Friuli'den bir kırmızı şarap olan schioppetino ile servis edilmesini tavsiye etti.

8 bıldırcın

16 ardıç meyvesi

Yaklaşık 16 taze adaçayı yaprağı

4 diş sarımsak, ince dilimlenmiş

Tuz ve taze çekilmiş karabiber

8 ince dilim pancetta

2 yemek kaşığı tuzsuz tereyağı

2 yemek kaşığı zeytinyağı

1 su bardağı kuru beyaz şarap

1. Bıldırcınların içini ve dışını durulayın ve iyice kurulayın. İnce tüy olup olmadığına bakın ve çıkarın. Her bıldırcın içini 2 ardıç meyvesi, bir adaçayı yaprağı ve biraz sarımsak dilimleri ile doldurun. Kuşları tuz ve karabiber serpin. Her bıldırcın üzerine bir adaçayı yaprağı yerleştirin. Pancetta'yı açın ve her bıldırcın etrafına bir dilim sarın. Yerinde tutmak için pancetta'nın etrafına bir parça mutfak ipi bağlayın.

2. Sıkıca kapanan kapağı olan büyük bir tavada, tereyağını sıvı yağ ile orta ateşte eritin. Bıldırcını ekleyin ve kuşları her taraftan yaklaşık 15 dakika kızartın.

3. Şarabı ekleyin ve kaynatın. Tavayı kapatın, ısıyı azaltın ve bıldırcınları sıvıyla birkaç kez çevirerek ve bastırarak, 45 ila 50 dakika veya bıldırcınlar çok yumuşayana kadar pişirin. Tava çok kurursa biraz su ekleyin. Sıcak servis yapın.

Et

İtalyanlar, Amerikalılardan çok daha çeşitli etler yerler. Domuz eti, dana eti ve kuzu eti en yaygın olanlarıdır, ancak İtalyanlar ayrıca özellikle geyik eti ve yaban domuzu olmak üzere çok fazla av eti yerler. Oğlak veya yavru keçi güneyde popülerdir; lezzet kuzuya çok benzer. Veneto ve Puglia gibi bazı bölgelerde at eti yenir ve Piedmont'ta bir keresinde bana haşlanmış eşek teklif edildi.

İtalya'nın sığır gibi büyük otlayan hayvanlar için çok fazla düz açık arazisi yoktur, bu nedenle sığır eti içeren güçlü bir mutfak geleneği yoktur. Bunun istisnası, Chianina olarak bilinen çeşitli sığırların yetiştirildiği Toskana ve Umbria'nın bazı bölgeleridir. Bu tamamen beyaz cins, lezzetli etiyle, özellikle de kömürde ızgara yapılan ve üzerine bölgenin kaliteli sızma zeytinyağı gezdirilerek servis edilen kalın bir porterhouse bifteği olan bistecca fiorentina ile ünlüdür.

Chianina bifteği ve bonfile gibi birinci sınıf kesimler dışında, İtalya'daki sığır eti çiğnenebilir. En iyi tencerede kavrulmuş, haşlanmış veya kızartılmış, paçavrada pişirilmiş veya köfte, somun veya iç malzeme için öğütülmüş olanıdır. Piedmont aşçıları, bölgenin en ünlü kırmızı şarabında marine edilmiş ve yavaş yavaş pişirilmiş büyük bir et parçası olan Barolo'daki sığır etleriyle gurur duyuyor. Napolililer, eti sarımsak ve kekik ile tatlandırılmış bir domates sosunda kızartarak küçük dana biftekleri alla pizzaiola pişirirler. Sicilya'da, büyük ince dilim sığır eti doldurulur, yuvarlanır ve sade görünümü içindeki dolguyu gizlediği için "yanlış yağsız" anlamına gelen farsumagru için rosto gibi pişirilir.

İtalya'da sığır etinden daha yaygın olarak yenen dana eti, genellikle sekiz ila on altı haftalık genç erkek buzağıların etidir. En iyisi sütle beslenir, yani hayvan o kadar gençtir ki hiç ot veya hayvan yemi yememiştir. Sütle beslenmiş dana etinin eti soluk pembe renktedir ve çok yumuşaktır. Tahılla beslenen daha yaşlı hayvanlardan elde edilen dana eti daha koyu kırmızı, daha güçlü aromalı ve daha çiğnenebilir, ancak çok iyi olabilir.

Sulu sosisler, yumuşak kızartmalar ve gevrek kaburgalar, İtalya'da yenen lezzetli domuz müstahzarlarından sadece birkaçıdır. Orta İtalya'da en sevilen manzara, sarımsak, rezene, otlar ve karabiberle son derece terbiye edilmiş bütün bir kavrulmuş domuzu barındıran özel donanımlı bir minibüs olan porchetta kamyonudur. Minibüsler fuarlarda ve pazarlarda bulunabilir ve plajların ve parkların yakınındaki yol kenarlarına park edilebilir. Herkesin kendi tercih ettiği porchetta kaynağı vardır ve akşam yemeği için götürmek üzere birkaç dilim veya yerinde tadını çıkarmak için bir sandviç sipariş edebilirsiniz. Bilenler ekstra satış istiyorlar, yani sadece tuz değil, eti tatlandıran tüm baharat karışımı.

Abruzzo'daki Majo di Norante şarap imalathanesini ziyaret ettiğimizde, açık havada odun ateşinde pişirilen kızarmış domuz yavrusuyla ziyafet çektik. Derisi gevrek ve altın rengindeydi ve domuzun ağzında bir limon ve boynunda biberiye dallarından bir çelenk ile servis edildi.

Friuli-Venezia Giulia'da Ristorante Blasut'ta yemek yedik, burada sahibi bize her yıl yaptığı maialata'yı anlattı. Yaz ve sonbahar boyunca şişmanlayan domuzlar kesilir ve gün boyu süren bir festival başlar. Olay, havanın soğuk olduğu Ocak ayında gerçekleşir, bu nedenle bulaşma olasılığı daha düşüktür. Domuzun her parçası kullanılıyor. Aslında, prosciutto, pancetta, salame ve mortadella dahil olmak üzere İtalya'nın lezzetli soğuk etlerinin çoğu, eti korumanın ve tüm artıkları kullanmanın bir yolu olarak gelişti.

İnsanlar bana İtalya'daki yemeklerin burada hazırlananlardan neden bu kadar farklı olduğunu sorduğunda, örnek olarak her zaman domuz eti gelir aklıma. İtalya'da et, yağlı olduğu için sulu ve lezzet dolu, ancak Amerika Birleşik Devletleri'nde domuz eti çok, çok düşük yağ olacak şekilde yetiştirildi. Yağın azalmasıyla birlikte et de lezzetsiz kalır ve kuru ve sertleşmeden pişirilmesi çok zordur.

İtalya'da kuzu hala çoğunlukla mevsimlik bir yemektir, ilkbaharda kuzuların çok genç olduğu ve etin son derece yumuşak olduğu zaman yenir. İtalyanlar kuzuyu kışın sonu ve Paskalya ile gelen yeniden doğuş ve yenilenme ile ilişkilendirir. Tatil kutlamalarının vazgeçilmez bir parçasıdır.

İtalya'nın kuzularının çoğu orta ve güney bölgelerinde yetiştirilir, çünkü oradaki arazi engebeli ve kayalıktır ve koyun otlatmak için sığırdan daha uygundur. Toskana, Umbria, Abruzzo ve Marches'ı ziyaret ederseniz, yamaçlarda otlayan koyun sürülerini göreceksiniz. Uzaktan, çimlerin üzerine serpilmiş kabarık beyaz pamuk topları gibi görünüyorlar. Sonbaharda koyunlar güneye ve Puglia'ya doğru sürülür. İlkbaharda trasumanza adı verilen yıllık bir ayinle orta İtalya'ya dönerler. Bu sayede hayvanlar, yılın farklı zamanlarında o bölgelerde yetişen doğal bitki ve otlarla beslenebilirler.

Bu koyunların çoğu sütleri için yetiştirilir ve orta ve güney İtalya, çok çeşitli koyun sütü peynirleri üretir. Keçiler hem sütü hem de eti için yetiştirilir ve oğlak isteyen çok sayıda tarif vardır. Kuzu ve oğlak çok benzer bir tada ve dokuya sahiptir ve bu tariflerde her ikisi de kullanılabilir.

Tavşan, İtalya'da popüler bir ettir ve her bölgede onu hazırlamak için tarifler bulabilirsiniz. Tavuktan daha popüler olduğunu ve kesinlikle daha saygın olduğunu tahmin ediyorum. Tavşan eti hafif bir tada sahiptir ve birçok farklı hazırlığa uygundur.

Süpermarket et kalitesi büyük ölçüde değişir. Çoğu zaman, yalnızca sınırlı bir et yelpazesi mevcuttur. Eti sizin belirlediğiniz özelliklere göre kesecek ve amacınıza uygun doğru et kesimi konusunda size tavsiyede bulunacak bilgili bir kasap bulmaya çalışın.

Eti eve getirdiğinizde buzdolabında saklayın ve tercihen 24 ila 48 saat içinde pişirin. Daha uzun süre saklamak için eti sıkıca sarın ve dondurun. Dondurulmuş etleri bir gece buzdolabında çözün.

Eti pişirmeden hemen önce durulayın ve kağıt havluyla kurulayın. Etin yüzeyindeki nem, kızarmayı engeller ve eti sertleştirebilecek buhar oluşturur.

Floransa Usulü Izgara Biftek

Bistecca Fiorentina

6 ila 8 porsiyon yapar

İtalya'daki en kaliteli sığır eti, Chianina olarak bilinen büyük, saf beyaz sığır türünden gelir. Adını Toskana'daki Chiana Vadisi'nden alan bu cinsin en eski evcil sığır türlerinden biri olduğuna inanılıyor. Başlangıçta taslak hayvanlar olarak tutuldular ve çok büyük ve uysal olacak şekilde yetiştirildiler. Modern çiftliklerdeki işleri makineler devraldığı için, Chianina sığırları artık yüksek kaliteli etleri için yetiştiriliyor.

Kısa fileto ve bonfilenin T şeklinde bir kemikle ayrılmış enine kesiti olan porterhouse biftekler, Chianina dana etinden kesilir ve Toskana'da bu şekilde pişirilir. Chianina bifteği Amerika Birleşik Devletleri'nde bulunmamakla birlikte, bu tarifle lezzetli biftekler yapabilirsiniz. Alabileceğiniz en kaliteli eti alın.

2 porterhouse biftek, 11/2 inç kalınlığında (her biri yaklaşık 2 pound)

Tuz ve taze çekilmiş karabiber

Sızma zeytinyağı

limon dilimleri

1. Isı kaynağından yaklaşık 4 inç uzağa bir barbekü ızgarası veya piliç rafı yerleştirin. Izgarayı veya ızgarayı önceden ısıtın.

2. Biftekleri tuz ve karabiber serpin. Eti 4 ila 5 dakika ızgara yapın veya kızartın. Eti maşayla çevirin ve bifteklerin kalınlığına bağlı olarak az pişmiş için yaklaşık 4 dakika, orta pişmiş için 5 ila 6 dakika daha pişirin. Pişip pişmediğini kontrol etmek için en kalın kısımda küçük bir kesim yapın. Daha uzun süre pişirmek için biftekleri ızgaranın daha soğuk bir yerine taşıyın.

3. Biftekleri enlemesine ince dilimler halinde kesmeden önce 5 dakika dinlendirin. Daha fazla tuz ve karabiber serpin. Yağ gezdirin. Limon dilimleri ile sıcak servis yapın.

Balzamik Sırlı Biftek

Bistecca al Balsamico

6 porsiyon yapar

Yağsız, kemiksiz göğüs biftek, ızgara veya ızgaradan önce balzamik sirke ve zeytinyağında yıkandığında harika bir tada sahiptir. Balzamik sirke doğal şekerler içerir, bu nedenle ızgarada, kızartmada veya ızgarada pişirmeden önce etlerin üzerine sürüldüğünde, et sularını hapseden ve yumuşak bir tat katan hoş bir kahverengi kabuk oluşturmaya yardımcı olur. Bulabileceğiniz en iyi balzamik sirkeyi kullanın.

2 yemek kaşığı sızma zeytinyağı, artı gezdirmek için daha fazlası

2 yemek kaşığı balzamik sirke

1 diş sarımsak, ince kıyılmış

1 göğüs biftek, yaklaşık 1 1/2 pound

Tuz ve taze çekilmiş karabiber

1. Bifteği tutacak kadar büyük sığ bir tabakta yağ, sirke ve sarımsağı birleştirin. Bifteği ekleyin ve marine ile kaplamak için çevirin. Örtün ve 1 saate kadar soğutun, bifteği ara sıra çevirin.

2. Isı kaynağından yaklaşık 4 inç uzağa bir barbekü ızgarası veya piliç rafı yerleştirin. Izgarayı veya ızgarayı önceden ısıtın. Biftekleri marinattan çıkarın ve kurulayın. Biftekleri 3 ila 4 dakika ızgara yapın veya kızartın. Eti maşayla çevirin ve bifteğin kalınlığına bağlı olarak az pişmiş için yaklaşık 3 dakika veya orta pişmiş için 4 dakika daha pişirin. Pişip pişmediğini kontrol etmek için en kalın kısımda küçük bir kesim yapın. Daha uzun süre pişirmek için bifteği ızgaranın daha soğuk bir yerine taşıyın.

3. Bifteği tuz ve karabiber serpin. Eti damar boyunca ince dilimler halinde kesmeden önce 5 dakika dinlendirin. Biraz sızma zeytinyağı gezdirin.

Arpacık Arpacık, Pancetta ve Kırmızı Şarap ile Shell Steaks

Bistecca al Vino Rosso

4 porsiyon yapar

İhale kabuklu biftekler, pancetta, arpacık soğanı ve kırmızı şaraptan lezzet artışı sağlar.

2 yemek kaşığı tuzsuz tereyağı

1 kalın dilim pancetta (yaklaşık 1 ons), ince doğranmış

2 kemiksiz kabuklu biftek, yaklaşık 1 inç kalınlığında

Tuz ve taze çekilmiş karabiber

¼ su bardağı kıyılmış arpacık

½ su bardağı sek kırmızı şarap

½ su bardağı ev yapımı <u>Et suyu</u> veya mağazadan satın alınan et suyu

2 yemek kaşığı balzamik sirke

1. Fırını 200 ° F'ye önceden ısıtın. Büyük bir tavada, orta ateşte 1 yemek kaşığı tereyağını eritin. Pancetta'yı ekleyin. Pancetta altın

rengi olana kadar yaklaşık 5 dakika pişirin. Pancetta'yı oluklu bir kaşıkla çıkarın ve yağı dökün.

2. Biftekleri kurulayın. Kalan yemek kaşığı tereyağını aynı tavada orta ateşte eritin. Tereyağı köpüğü azaldığında, biftekleri tavaya koyun ve güzelce kızarana kadar 4 ila 5 dakika pişirin. Tuz ve karabiber serpin. Eti maşayla ters çevirin ve diğer tarafını az pişmiş için 4 dakika, orta pişmiş için 5-6 dakika pişirin. Pişip pişmediğini kontrol etmek için en kalın kısımda küçük bir kesim yapın. Biftekleri ısıya dayanıklı bir tabağa aktarın ve fırında sıcak tutun.

3. Arpacıkları tavaya ekleyin ve karıştırarak 1 dakika pişirin. Şarap, et suyu ve balzamik sirkeyi ekleyin. Bir kaynamaya getirin ve sıvı kalın ve şuruplu olana kadar yaklaşık 3 dakika pişirin.

4. Pancetta'yı tava sularına karıştırın. Sosu bifteklerin üzerine gezdirin ve hemen servis yapın.

Rokalı Dilimlenmiş Biftek

Straccetti di Manzo

4 porsiyon yapar

Straccetti, bu dar et şeritlerinin benzediği "küçük paçavralar" anlamına gelir. Bu yemeği hazırlamadan önce, sığır etini ince dilimlenecek kadar sert olana kadar dondurucuya koyun. Tüm malzemeleri hazırlayın, ancak eti pişirmeden hemen önce salatayı süsleyin.

2 demet roka

4 yemek kaşığı sızma zeytinyağı

1 yemek kaşığı balzamik sirke

1 yemek kaşığı doğranmış arpacık

Tuz ve taze çekilmiş karabiber

1 1/4 pound yağsız kemiksiz sığır filetosu veya diğer yumuşak biftek

1 çay kaşığı kıyılmış taze biberiye

1. Rokayı kesin, sapları ve çürümüş yaprakları atın. Birkaç soğuk su değişiminde yıkayın. Çok iyi kurutun. Rokayı lokma büyüklüğünde parçalara ayırın.

2. Büyük bir kapta, 2 yemek kaşığı yağ, sirke, arpacık soğanı ve tuz ve karabiberi tatmak için çırpın.

3. Keskin bir dilimleme bıçağıyla bifteği çaprazlamasına çok ince dilimler halinde kesin. Büyük bir ağır kızartma tavasını orta ateşte ısıtın. Çok sıcak olduğunda kalan 2 yemek kaşığı zeytinyağını ekleyin. Sığır eti dilimlerini tek kat halinde, gerekirse gruplar halinde tavaya koyun ve kızarana kadar yaklaşık 2 dakika pişirin. Eti maşayla çevirin ve üzerine tuz ve karabiber serpin. Nadiren yaklaşık 1 dakika çok hafifçe kızarana kadar pişirin.

4. Rokayı sosla birlikte atın ve bir tabağa yerleştirin. Dana dilimlerini rokanın üzerine dizin ve üzerine biberiye serpin. Hemen servis yapın.

Gorgonzola ile Bonfile Biftek

Filetto di Manzo al Gorgonzola

4 porsiyon yapar

Bonfile bifteklerin tadı hafiftir, ancak bu lüks sos onlara çok fazla karakter verir. Kolay pişirme için kasabın biftekleri 1 1⁄4 inçten daha kalın kesmemesini sağlayın ve her bifteği şeklini koruyacak şekilde mutfak ipiyle bağlayın. Çok hızlı gittiği için pişirmeye başlamadan önce tüm malzemeleri ölçtüğünüzden ve sıraladığınızdan emin olun.

Yaklaşık 1 inç kalınlığında 4 dana bonfile biftek

Sızma zeytinyağı

Tuz ve taze çekilmiş karabiber

3 yemek kaşığı tuzsuz tereyağı

1 küçük arpacık soğan, ince kıyılmış

1⁄4 su bardağı sek beyaz şarap

1 yemek kaşığı Dijon hardalı

Yaklaşık 4 ons gorgonzola peyniri, kabuğu çıkarılmış ve parçalar halinde kesilmiş

1. Biftekleri zeytinyağı ile ovun ve üzerine tuz ve karabiber serpin. Örtün ve soğutun. Biftekleri pişirmeden yaklaşık 1 saat önce buzdolabından çıkarın.

2. Fırını 200 ° F'ye önceden ısıtın. Orta ateşte büyük bir tavada 2 yemek kaşığı tereyağını eritin. Tereyağı köpüğü azaldığında biftekleri kurulayın. Tavaya koyun ve güzelce kızarana kadar 4 ila 5 dakika pişirin. Eti maşayla ters çevirin ve diğer tarafını az pişmiş için 4 dakika, orta pişmiş için 5-6 dakika pişirin. Pişip pişmediğini kontrol etmek için en kalın kısımda küçük bir kesim yapın. Biftekleri ısıya dayanıklı bir tabağa aktarın ve fırında sıcak tutun.

3. Arpacık soğanı tavaya ekleyin ve karıştırarak 1 dakika pişirin. Şarap ve hardalı karıştırın. Ocağın altını kısın ve gorgonzolayı ekleyin. Bifteklerin çevresinde biriken suyu ilave edin. Ateşten alın ve kalan 1 çorba kaşığı tereyağında çırpın.

4. Sosu bifteklerin üzerine gezdirip servis yapın.

Domates Soslu Doldurulmuş Dana Sarma

Braciole al Pomodoro

4 porsiyon yapar

İnce yuvarlak sığır eti dilimleri, lezzetli, yavaş pişirilen bir favori olan braciole - genellikle bra-zholl olarak telaffuz edilir - için mükemmeldir. Şekillerini iyi tutmaları için çok fazla bağ dokusu olmayan büyük sığır eti dilimleri arayın.

Braciole, yemeğin bir parçası olarak pişirilebilir.<u>Napoliten Ragù</u>. Bazı aşçılar braciole'yi sert pişmiş bir yumurta ile doldururken, diğerleri temel dolguya kuru üzüm ve çam fıstığı ekler.

4 ince dilim kemiksiz sığır eti yuvarlak, yaklaşık 1 pound

3 diş sarımsak, ince kıyılmış

2 yemek kaşığı rendelenmiş Pecorino Romano peyniri

2 yemek kaşığı kıyılmış taze düz yapraklı maydanoz

Tuz ve taze çekilmiş karabiber

2 yemek kaşığı zeytinyağı

1 su bardağı kuru kırmızı şarap

2 su bardağı konserve ithal İtalyan domatesi suyuyla birlikte yemek değirmeninden geçirilmiş

4 adet taze fesleğen yaprağı, küçük parçalara ayrılmış

1. Sığır etini 2 parça streç film arasına yerleştirin ve bir et dövücüsünün düz tarafıyla veya lastik tokmakla 1/8 inç kalınlığa kadar hafifçe dövün. Üstteki plastik parçayı atın.

2. Sos için 1 diş doğranmış sarımsağı kenara ayırın. Eti kalan sarımsak, peynir, maydanoz ve tuz ve biberle tatlandırın. Her bir parçayı sosis gibi sarın ve pamuklu mutfak ipi ile küçük bir rosto gibi bağlayın.

3. Yağı büyük bir tencerede ısıtın. Braciole'u ekleyin. Eti ara sıra çevirerek her tarafı kızarana kadar yaklaşık 10 dakika pişirin. Kalan sarımsağı etin etrafına dağıtın ve 1 dakika pişirin. Şarabı ekleyin ve 2 dakika pişirin. Domates ve fesleğeni katıp karıştırın.

4. Örtün ve kısık ateşte eti ara sıra çevirerek, çatalla delinene kadar yumuşayana kadar yaklaşık 2 saat pişirin. Sos çok koyu olursa biraz su ekleyin. Sıcak servis yapın.

Sığır Eti ve Bira

Carbonata di Bue

6 porsiyon yapar

Sığır eti, bira ve soğan, Alto Adige'den gelen bu güveçte kazanan bir kombinasyon. Sınırın hemen ötesindeki Fransız sığır karbonatına benzer.

Kemiksiz dana kıyma güveç için iyi bir seçimdir. Uzun pişirme boyunca nemli kalmaya yetecek kadar ebru vardır.

4 yemek kaşığı tuzsuz tereyağı

2 yemek kaşığı zeytinyağı

3 orta boy soğan (yaklaşık 1 pound), ince dilimlenmiş

1 1/2 inçlik parçalar halinde kesilmiş 3 pound kemiksiz dana yahnisi

1/2 su bardağı çok amaçlı un

12 ons bira, herhangi bir tür

2 su bardağı soyulmuş, tohumlanmış ve doğranmış taze domates veya konserve domates püresi

Tuz ve taze çekilmiş karabiber

1. 2 yemek kaşığı tereyağını 1 yemek kaşığı sıvı yağ ile orta-düşük ateşte büyük bir tavada eritin. Soğanları ekleyin ve sık sık karıştırarak soğanlar hafif altın rengi olana kadar yaklaşık 20 dakika pişirin.

2. Büyük bir Hollanda fırınında veya sıkı oturan bir kapağı olan başka bir derin, ağır tencerede, kalan tereyağını yağ ile orta ateşte eritin. Sığır etinin yarısını una bulayın ve fazlasını silkeleyin. Parçaları her taraftan yaklaşık 10 dakika iyice kızartın. Eti bir tabağa aktarın. Kalan et ile tekrarlayın.

3. Güveç kabındaki yağı boşaltın. Birayı ekleyin ve kızartılmış parçaları birayla karıştırmak için güveç kabının altını kazıyarak kaynama noktasına getirin. 1 dakika pişirin.

4. Fırının ortasına bir raf yerleştirin. Fırını 375 ° F'ye ısıtın. Tüm eti güveç kabına geri koyun. Tatmak için soğan, domates ve tuz ve karabiber ekleyin. Sıvıyı kaynama noktasına getirin.

5. Güveç kabının üzerini kapatın ve fırında ara sıra karıştırarak 2 saat veya et bıçakla delinip yumuşayana kadar pişirin. Sıcak servis yapın.

Sığır Eti ve Soğan Yahnisi

Karbonat

6 porsiyon yapar

Trentino-Alto Adige'de adı bir öncekine benzeyen bu güveç, kırmızı şarap ve baharatlarla yapılır. Bazen sığır eti yerine geyik eti veya başka bir av eti ikame edilir. Yumuşak, tereyağlı polenta, bu doyurucu güvecin klasik eşlikçisidir, ama aynı zamanda<u>Karnabahar Püresi</u>.

3 yemek kaşığı tuzsuz tereyağı

3 yemek kaşığı zeytinyağı

2 orta boy soğan, dörde bölünmüş ve ince dilimlenmiş

½ su bardağı çok amaçlı un

2 inçlik parçalar halinde kesilmiş 3 pound kemiksiz sığır mandreni

1 su bardağı kuru kırmızı şarap

⅛ çay kaşığı öğütülmüş tarçın

⅛ çay kaşığı öğütülmüş karanfil

⅛ çay kaşığı öğütülmüş hindistan cevizi

1 su bardağı et suyu

Tuz ve taze çekilmiş karabiber

1. Büyük bir tavada, 1 yemek kaşığı tereyağı ile 1 yemek kaşığı sıvı yağı orta-düşük ateşte eritin. Soğanları ekleyin ve ara sıra karıştırarak çok yumuşayana kadar yaklaşık 15 dakika pişirin.

2. Büyük bir Hollanda fırınında veya sıkı oturan bir kapağı olan başka bir derin, ağır tencerede, kalan tereyağını yağ ile orta ateşte eritin. Unu bir yağlı kağıt üzerine yayın. Eti un içinde yuvarlayın, fazlalığı silkeleyin. Tavaya, topaklanma olmadan rahatça sığacak kadar parça ekleyin. Etler kızarınca bir tabağa alın ve kalan etleri de aynı şekilde kızartın.

3. Etin tamamı kızarıp çıkarıldığında, tavaya şarabı ekleyin ve kızartılmış parçaları şarapla karıştırmak için tavanın altını kazıyarak kaynama noktasına getirin. 1 dakika kaynatın.

4. Eti tavaya geri koyun. Soğanı, baharatları ve et suyunu ekleyin. Tuz ve karabiber serpin. Bir kaynamaya getirin ve tavayı kapatın. Ara sıra karıştırarak 3 saat veya et çatalla delindiğinde çok yumuşayana kadar pişirin. Sıvı çok kalınsa biraz su ekleyin. Sıcak servis yapın.

Biberli Dana Güveç

peposo

6 porsiyon yapar

Toskanalılar bu biberli güveci dana eti veya dana incikle yaparlar ama ben kemiksiz dana kıyma kullanmayı tercih ederim. La Grande Cucina Toscana'nın yazarı Giovanni Righi Parenti'ye göre, biber uzun zaman önce aşırı derecede pahalıyken, peposo yapmak için yeterli olana kadar aşçılar biber tanelerini salam dilimlerinden ayırırdı.

Fattoria di Bagnolo şarap imalathanesinin sahibi olan arkadaşım Marco Bartolini Baldelli, bana bu yahninin Impruneta kasabasındaki Toskana tuğla imalatçılarının fırınlarında pişirecekleri favorisi olduğunu söyledi. Bir şişe Fattoria di Bagnolo Chianti Colli Fiorentini Riserva ideal bir eşlik olacaktır.

2 yemek kaşığı zeytinyağı

3 pound dana aynası, 2 inçlik parçalar halinde kesilmiş

Tuz ve taze çekilmiş karabiber

2 diş sarımsak, ince kıyılmış

2 su bardağı kuru kırmızı şarap

1½ su bardağı soyulmuş, tohumlanmış ve doğranmış domates

1 çay kaşığı taze çekilmiş karabiber veya tatmak

1. Büyük bir Hollanda fırınında veya sıkı oturan bir kapağı olan başka bir derin, ağır tencerede, yağı orta ateşte ısıtın. Sığır etini kurulayın ve her tarafını partiler halinde, tavayı doldurmadan, parti başına yaklaşık 10 dakika kızartın. Tuz ve karabiber serpin. Eti bir tabağa aktarın.

2. Sarımsakları tavadaki yağa karıştırın. Kırmızı şarabı, tadına göre tuz ve karabiberi ve domatesleri ekleyin. Bir kaynamaya getirin ve eti tavaya geri koyun. Etin üzerini kapatacak kadar soğuk su ekleyin. Tencereyi örtün. Ateşi kısın ve ara sıra karıştırarak 2 saat pişirin.

3. Şarabı ekleyin ve 1 saat daha veya çatalla delindiğinde dana eti çok yumuşayana kadar pişirin. Tatlandırın ve baharatı ayarlayın. Sıcak servis yapın.

Friuli Usulü Sığır Yahni

Squazet'te Manzo

6 porsiyon yapar

Tavuk, sığır eti ve ördek, Friuli-Venezia Giulia lehçesinde "haşlanmış" anlamına gelen squazet'te pişirilen farklı et türlerinden sadece birkaçıdır.

½ su bardağı kurutulmuş beyaz mantar

1 su bardağı ılık su

¼ su bardağı zeytinyağı

3 pound dana aynası, 2 inçlik parçalar halinde kesilmiş

2 büyük soğan, ince doğranmış

2 yemek kaşığı domates salçası

1 su bardağı kuru kırmızı şarap

2 defne yaprağı

Bir tutam karanfil

Tuz ve taze çekilmiş karabiber

2 bardak ev yapımı <u>Et suyu</u> veya mağazadan satın alınan et suyu

1. Mantarları 30 dakika suda bekletin. Mantarları çıkarın ve sıvıyı ayırın. Toprağın biriktiği gövdelerin uçlarına özellikle dikkat ederek, mantarları soğuk akan su altında durulayın. Mantarları iri iri doğrayın. Mantar suyunu kağıt kahve filtresinden geçirerek bir kaseye süzün.

2. Büyük bir tavada, yağı orta ateşte ısıtın. Sığır eti kurulayın. Sığır eti ekleyin ve her tarafını yaklaşık 10 dakika iyice kahverengileştirin, parçaları kızardıkça bir tabağa aktarın.

3. Soğanları tencereye ekleyin ve yaklaşık 5 dakika yumuşayana kadar pişirin. Domates salçasını karıştırın. Şarabı ekleyin ve sıvıyı kaynama noktasına getirin.

4. Eti tavaya geri koyun. Mantarları ve sıvılarını, defne yapraklarını, karanfilleri ve tadına bakmak için tuz ve karabiberi ekleyin. Et suyunu ekleyin. Örtün ve et yumuşayana ve sıvı azalana kadar ara sıra karıştırarak 21/2 ila 3 saat pişirin. Çok fazla sıvı varsa, son 30 dakika tencerenin kapağını açın. Defne yapraklarını çıkarın. Sıcak servis yapın.

Avcı Usulü Karışık Et Yahnisi

İskoçya

8 ila 10 porsiyon yapar

Toskana'da et kıt olduğunda, birkaç avcı bir araya gelir ve bu karmaşık yahniyi yaratmak için sahip oldukları etten küçük parçalarla katkıda bulunurdu. Sığır eti, tavuk, kuzu veya domuzdan sülün, tavşan veya beç tavuğuna kadar her şey eklenebilir veya ikame edilebilir. Et çeşitliliği ne kadar büyük olursa, güveç o kadar zengin tadacaktır.

¼ su bardağı zeytinyağı

1 tavuk, 8 parçaya bölünmüş

2 inçlik parçalar halinde kesilmiş 1 pound kemiksiz dana yahnisi

1 kiloluk kuzu omzu, 2 inçlik parçalar halinde kesin

1 pound domuz omzu, 2 inçlik parçalar halinde kesin

1 büyük kırmızı soğan, ince doğranmış

2 yumuşak kereviz kaburga, kıyılmış

2 büyük havuç, ince doğranmış

2 diş sarımsak, ince kıyılmış

1 su bardağı kuru kırmızı şarap

Tuz

½ çay kaşığı öğütülmüş kırmızı biber

2 su bardağı doğranmış domates, taze veya konserve

1 yemek kaşığı kıyılmış taze biberiye

2 bardak ev yapımı Tavuk suyu, Et suyu veya mağazadan satın alınan tavuk veya et suyu

Garnitür

8 dilim İtalyan veya Fransız ekmeği

2 büyük diş sarımsak, soyulmuş

1. Tüm malzemeleri alacak kadar büyük bir Hollanda fırınında veya kapağı sıkıca kapanan başka bir derin, ağır tencerede, yağı orta ateşte ısıtın. Eti kurulayın. Yalnızca tek bir katmana rahatça sığabilecek kadar çok parça ekleyin. Parçaları her bir partide yaklaşık 10 dakika olmak üzere her taraftan iyice kahverengileştirin, ardından bir tabağa aktarın. Etin tamamı kızarana kadar devam edin.

2. Tavaya soğan, kereviz, havuç ve sarımsak ekleyin. Sık sık karıştırarak yumuşayana kadar yaklaşık 10 dakika pişirin.

3. Eti tavaya geri koyun ve şarabı, tadına göre tuzu ve ezilmiş kırmızı biberi ekleyin. Sıvıyı kaynama noktasına getirin. Domates, biberiye ve et suyunu ekleyin. Sıvı zar zor köpürecek şekilde ısıyı düşürün. Tüm etler yumuşayana kadar ara sıra karıştırarak yaklaşık 90 dakika pişirin. (Sos çok kuru olursa biraz su ekleyin.)

4. Ekmek dilimlerini kızartın ve soyulmuş sarımsakla ovun. Eti ve sosu geniş bir tabağa alın. Ekmek dilimlerini her yerine yerleştirin. Sıcak servis yapın.

sığır gulaş

Gulaş di Manzo

8 porsiyon yapar

Trentino-Alto Adige'nin kuzey kısmı bir zamanlar Avusturya'nın bir parçasıydı; 1. Dünya Savaşı'ndan sonra İtalya tarafından ilhak edildi. Sonuç olarak, yemek Avusturyalı ama İtalyan aksanıyla.

Kırmızı biber gibi kurutulmuş baharatlar, kap açıldıktan sonra sadece yaklaşık altı ay boyunca iyidir. Ondan sonra lezzet kaybolur. Bu yahniyi hazırlarken yeni bir kavanoz almaya değer. Macaristan'dan ithal edilen kırmızı biber kullandığınızdan emin olun. Damak zevkinize göre tüm tatlı biberi veya tatlı ve acı karışımını kullanabilirsiniz.

3 yemek kaşığı domuz yağı, domuz pastırması veya bitkisel yağ

2 pound kemiksiz dana aynası, 2 inçlik parçalar halinde kesilmiş

Tuz ve taze çekilmiş karabiber

3 büyük soğan, ince dilimlenmiş

2 diş sarımsak, kıyılmış

2 su bardağı kuru kırmızı şarap

¼ fincan tatlı Macar kırmızı biberi veya tatlı ve acı kırmızı biber karışımı

1 defne yaprağı

2 inçlik şerit limon kabuğu rendesi

1 yemek kaşığı çift konsantre domates salçası

1 çay kaşığı öğütülmüş kimyon

½ çay kaşığı kurutulmuş mercanköşk

taze limon suyu

1. Büyük bir Hollanda fırınında veya sıkı oturan bir kapağı olan başka bir derin, ağır tencerede, domuz yağı veya damlamaları orta ateşte ısıtın. Eti kurulayın ve tavaya yalnızca tek bir katmana rahatça sığabilecek kadar parça ekleyin. Parçaları, parti başına yaklaşık 10 dakika olmak üzere her taraftan iyice kızartın. Eti bir tabağa aktarın ve üzerine tuz ve karabiber serpin.

2. Soğanları tavaya ekleyin ve sık sık karıştırarak yumuşayana ve altın rengi olana kadar yaklaşık 15 dakika pişirin. Sarımsağı karıştırın. Şarabı ekleyin ve tavanın altını kazıyın. Eti tavaya geri koyun. Sıvıyı kaynama noktasına getirin.

3. Kırmızı biber, defne yaprağı, limon kabuğu rendesi, salça, kimyon ve mercanköşk ekleyin. Eti zar zor kaplayacak kadar su ekleyin.

4. Tencerenin kapağını kapatın ve 2 1/2 ila 3 saat veya et yumuşayana kadar pişirin. Limon suyunu karıştırın. Defne yaprağını ve limon kabuğunu çıkarın. Tatlandırın ve baharatı ayarlayın. Sıcak servis yapın.

Öküz kuyruğu Yahnisi, Roma Usulü

Coda alla Vaccinara

4 ila 6 porsiyon yapar

Öküz kuyruğunun üzerinde fazla et olmamasına rağmen, Roma usulü yavaş yavaş kaynatıldığında çok lezzetli ve yumuşaktır. Artık sos, rigatoni veya başka bir kalın kesilmiş makarnada iyidir.

¼ su bardağı zeytinyağı

1½ inçlik parçalar halinde kesilmiş 3 pound öküz kuyruğu

1 büyük soğan, doğranmış

2 diş sarımsak, ince kıyılmış

1 su bardağı kuru kırmızı şarap

2½ su bardağı soyulmuş, çekirdekleri çıkarılmış ve doğranmış taze domatesler veya süzülmüş ve doğranmış konserve domatesler

¼ çay kaşığı öğütülmüş karanfil

Tuz ve taze çekilmiş karabiber

2 su bardağı su

6 yumuşak kereviz kaburga, kıyılmış

1 yemek kaşığı kıyılmış bitter çikolata

3 yemek kaşığı çam fıstığı

3 yemek kaşığı kuru üzüm

1. Büyük bir Hollanda fırınında veya sıkı oturan bir kapağı olan başka bir derin, ağır tencerede zeytinyağını ısıtın. Öküz kuyruğunu kurulayın ve tavaya yalnızca tek bir katmana rahatça sığabilecek kadar parça ekleyin. Parçaları, parti başına yaklaşık 10 dakika olmak üzere her taraftan iyice kızartın. Parçaları bir tabağa aktarın.

2. Soğanı ekleyin ve ara sıra karıştırarak altın rengi olana kadar pişirin. Sarımsağı ilave edin ve 1 dakika daha pişirin. Tencerenin dibini kazıyarak şarabı karıştırın.

3. Öküz kuyruğunu tavaya geri koyun. Tat vermek için domates, karanfil, tuz ve karabiberi ve suyu ekleyin. Tavayı örtün ve sıvıyı kaynatın. Ateşi kısın ve ara sıra karıştırarak et yumuşayana ve kemiklerinden ayrılana kadar yaklaşık 3 saat pişirin.

4. Bu arada, büyük bir tencereye su kaynatın. Kereviz ekleyin ve 1 dakika pişirin. İyice süzün.

5. Çikolatayı öküz kuyruğu ile tavaya karıştırın. Kereviz, çam fıstığı ve kuru üzümleri ekleyin. Bir kaynamaya getirin. Sıcak servis yapın.

Kızarmış Dana Şaft

Garrett al Vino

6 porsiyon yapar

Bu zengin aromalı, yavaş pişirilen yemekte, kalın dilimlenmiş dana incik sebze ve kırmızı şarapla pişirilir. Yanındaki pişmiş sebzeler, et için lezzetli bir sos yapmak için pişirme suları ile püre haline getirilir. Bir garnitür patates veya polenta ile servis yapın veya üzerine sosun bir kısmını kaşıklayın.<u>patatesli Gnocchi</u>.

2 yemek kaşığı tuzsuz tereyağı

1 yemek kaşığı zeytinyağı

3 (1 1/2 inç kalınlığında) dilim dana incik (yaklaşık 3 pound), iyi kesilmiş

Tuz ve taze çekilmiş karabiber

4 havuç, doğranmış

3 kereviz kaburga, kıyılmış

1 büyük soğan, doğranmış

2 su bardağı kuru kırmızı şarap

1 defne yaprağı

1. Büyük bir Hollanda fırınında veya sıkı oturan bir kapağı olan başka bir derin, ağır tencerede, tereyağını sıvı yağ ile eritin. Eti kurulayın ve her tarafını yaklaşık 10 dakika iyice kızartın. Tuz ve karabiber serpin. Eti bir tabağa aktarın.

2. Sebzeleri ekleyin ve sık sık karıştırarak güzelce kızarana kadar yaklaşık 10 dakika pişirin.

3. Şarabı ekleyin ve tencerenin dibini tahta kaşıkla kazıyarak pişirin. Şarabı 1 dakika pişirin. Eti tencereye geri koyun ve defne yaprağını ekleyin.

4. Tavayı örtün ve ısıyı düşük seviyeye indirin. Sıvı çok fazla buharlaşırsa, biraz ılık su ekleyin. Eti ara sıra çevirerek, bıçakla delinene kadar yumuşayana kadar 2 1/2 ila 3 saat pişirin.

5. Eti bir tabağa alın ve sıcak kalması için üzerini örtün. Defne yaprağını atın. Sebzeleri bir gıda değirmeninden geçirin veya bir karıştırıcıda püre haline getirin. Tatlandırın ve baharatı ayarlayın. Gerekirse tekrar ısıtın. Sığır eti üzerine sebze sosu dökün. Hemen servis yapın.

Patlıcan Dolması

Melanzan Ripiene

4 ila 6 porsiyon yapar

Yaklaşık üç inç uzunluğunda küçük patlıcanlar doldurmak için idealdir. Bunlar iyi sıcak veya oda sıcaklığında.

2 1/2 bardak herhangi <u>Domates sosu</u>

8 adet bebek patlıcan

Tuz

12 ons kıyma dana aynası

2 ons doğranmış salam veya ithal İtalyan prosciutto

1 büyük yumurta

1 diş sarımsak, ince kıyılmış

1/3 su bardağı sade kuru ekmek kırıntısı

1/4 su bardağı rendelenmiş Pecorino Romano veya Parmigiano-Reggiano

2 yemek kaşığı kıyılmış taze düz yapraklı maydanoz

Tuz ve taze çekilmiş karabiber

1. Gerekirse domates sosu hazırlayın. Ardından, fırının ortasına bir raf yerleştirin. Fırını 375 ° F'ye ısıtın. 12 × 9 × 2 inçlik bir fırın tepsisini yağlayın.

2. Kaynatmak için büyük bir tencereye su getirin. Patlıcanların uç kısımlarını kesin ve patlıcanları uzunlamasına ortadan ikiye kesin. Patlıcanları damak tadınıza göre tuzlu suya ekleyin. Patlıcanlar yumuşayana kadar 4 ila 5 dakika pişirin. Patlıcanları suyunu süzmek ve soğutmak için bir kevgir içine koyun.

3. Küçük bir kaşıkla, her patlıcanın hamurunu 1/4 inç kalınlığında bir kabuk bırakarak çıkarın. Hamuru doğrayın ve büyük bir kaseye koyun. Kabukları derili tarafı alta gelecek şekilde fırın tepsisine dizin.

4. Patlıcan hamuruna dana eti, salam, yumurta, sarımsak, galeta unu, peynir, maydanoz ve arzuya göre tuz ve karabiber ekleyin. Karışımı patlıcan kabuklarına kaşıkla yayın, üstlerini düzeltin. Domates sosunu patlıcanların üzerine gezdirin.

5. Dolgu pişene kadar yaklaşık 20 dakika pişirin. Sıcak veya oda sıcaklığında servis yapın.

Napoliten Köfte

Polpet

6 porsiyon yapar

Annem büyük bir tencere paçavraya eklemek için bu köftelerden haftada bir parti yapardı. Ne zaman bakmıyorsa, birisi atıştırmalık olarak yemek için tencereden bir tane kapardı. Elbette biliyordu, bu yüzden genellikle çift parti yapardı.

3 bardak Napoliten Ragù veya marinara sosu

1 pound kıyma dana aynası

2 büyük yumurta, dövülmüş

1 büyük diş sarımsak, ince kıyılmış

½ su bardağı taze rendelenmiş Pecorino Romano

½ su bardağı sade ekmek kırıntısı

2 yemek kaşığı ince kıyılmış taze düz yapraklı maydanoz

1 çay kaşığı tuz

Taze çekilmiş karabiber

¼ su bardağı zeytinyağı

1. Gerekirse ragù veya sosu hazırlayın. Ardından, büyük bir kapta dana eti, yumurta, sarımsak, peynir, galeta unu, maydanoz ve tuz ve karabiberi tatlandırın. Ellerinizle, tüm malzemeleri iyice karıştırın.

2. Yapışmayı önlemek için ellerinizi soğuk suyla durulayın, ardından karışımı 2 inçlik toplar halinde hafifçe şekillendirin. (Lazanya veya fırında ziti yapmak için köfte yapıyorsanız, eti küçük üzüm büyüklüğünde küçük toplar haline getirin.)

3. Yağı büyük bir ağır tavada orta ateşte ısıtın. Köfteleri ekleyin ve her tarafı güzelce kızarana kadar yaklaşık 15 dakika kızartın. (Maşa ile dikkatlice çevirin.) Köfteleri bir tabağa alın.

4. Köfteleri ragù veya domates sosu tavasına aktarın. Tamamen pişene kadar yaklaşık 30 dakika pişirin. Sıcak servis yapın.

Çam Fıstığı ve Kuru Üzümlü Köfte

Pinoli ve Uve Secche ile Polpette

20 2 inçlik köfte yapar

İyi bir sulu köfte veya köfte yapmanın sırrı, karışıma ekmek veya galeta unu eklemektir. Ekmek, etin sularını emer ve et pişerken onları tutar. Ekstra kıtır bir dış görünüm için, bu köfteler pişirmeden önce kuru ekmek kırıntılarında da yuvarlanır. Bu tarifi bana Westin, Florida'da bir gurme dükkanı sahibi olan arkadaşım Kevin Benvenuti verdi. Tarif, büyükannesi Carolina'nındı.

Bazı aşçılar kızartma adımını atlayıp köfteleri doğrudan sosa eklemeyi sever. Köfteler daha yumuşak oluyor. Kızartarak elde ettiğiniz daha sıkı dokuyu ve daha iyi lezzeti tercih ederim.

3 bardak<u>Napoliten Ragù</u>veya başkası<u>domates sosu</u>

1 su bardağı sade kuru ekmek kırıntısı

4 dilim İtalyan ekmeği, kabukları çıkarılmış ve küçük parçalara bölünmüş (yaklaşık 2 bardak)

½ su bardağı süt

2 pound karışık kıyma, dana eti ve domuz eti

4 büyük yumurta, hafifçe çırpılmış

2 diş sarımsak, ince kıyılmış

2 yemek kaşığı ince kıyılmış taze düz yapraklı maydanoz

½ su bardağı kuru üzüm

½ su bardağı çam fıstığı

½ su bardağı rendelenmiş Pecorino Romano veya Parmigiano-Reggiano

1½ çay kaşığı tuz

¼ çay kaşığı taze çekilmiş hindistan cevizi

Taze çekilmiş karabiber

¼ su bardağı zeytinyağı

1. Gerekirse ragù veya sosu hazırlayın. Ekmek kırıntılarını sığ bir kaseye koyun. Ardından ekmeği 10 dakika sütte bekletin. Ekmeği boşaltın ve fazla sıvıyı sıkın.

2. Büyük bir kapta etleri, ekmeği, yumurtaları, sarımsağı, maydanozu, kuru üzümü, çam fıstığını, peyniri, tuzu, muskat cevizini ve karabiberi tatlandırın. Ellerinizle, tüm malzemeleri iyice karıştırın.

3. Yapışmayı önlemek için ellerinizi soğuk suda durulayın, ardından karışımı 2 inçlik toplar halinde hafifçe şekillendirin. Köfteleri ekmek kırıntılarında hafifçe yuvarlayın.

4. Yağı büyük bir ağır tavada orta ateşte ısıtın. Köfteleri ekleyin ve her tarafı güzelce kızarana kadar yaklaşık 15 dakika kızartın. (Maşa ile dikkatlice çevirin.)

5. Köfteleri ragù veya sosun içine koyun. Tamamen pişene kadar yaklaşık 30 dakika pişirin. Sıcak servis yapın.

Lahana ve Domatesli Köfte

Polpettine Stufato con Cavolo

4 porsiyon yapar

Köfte, İtalya'nın hemen her yerinde, kesinlikle her yöresinde yapılan, insanın ruhunu doyuran yemeklerden biridir. İtalyanlar asla spagetti ile köfte servis etmezler. Etin ağırlığının makarnanın narin liflerini bastıracağını düşünüyorlar. Ayrıca makarna birinci yemektir ve lokma büyüklüğünden büyük etler ikinci yemek olarak servis edilir. Friuli–Venezia Giulia'nın bu tarifinde köfteler yavaş pişirilmiş lahana ile servis ediliyor. Soğuk bir gecede servis etmek için doyurucu bir yemektir.

2 diş sarımsak, ince kıyılmış

2 yemek kaşığı zeytinyağı

1 küçük baş lahana, kıyılmış

1 1/2 su bardağı süzülmüş konserve bütün domates, doğranmış

Tuz

köfteler

1 bardak yırtık kabuksuz İtalyan veya Fransız ekmeği

½ su bardağı süt

1 pound kıyma dana aynası

1 büyük yumurta, dövülmüş

½ su bardağı taze rendelenmiş Parmigiano-Reggiano

1 büyük diş sarımsak, kıyılmış

2 yemek kaşığı kıyılmış taze düz yapraklı maydanoz

Tuz ve taze çekilmiş karabiber

¼ su bardağı zeytinyağı

1. Büyük bir tencerede, zeytinyağındaki sarımsağı orta ateşte hafif altın rengi olana kadar yaklaşık 2 dakika pişirin. Lahanayı ekleyin ve iyice karıştırın. Tatmak için domatesleri ve tuzu ekleyin. Örtün ve kısık ateşte ara sıra karıştırarak 45 dakika pişirin.

2. Orta boy bir kapta ekmek ve sütü birleştirin. 10 dakika bekletin, ardından fazla sütü sıkın.

3. Büyük bir kapta sığır eti, ekmek, yumurta, peynir, sarımsak, maydanoz ve tuz ve karabiberi tatlandırın. Ellerinizle, tüm malzemeleri iyice karıştırın.

4. Yapışmayı önlemek için ellerinizi soğuk suda durulayın, ardından et karışımını 2 inçlik toplar halinde hafifçe şekillendirin. Yağı büyük bir ağır tavada orta ateşte ısıtın. Köfteleri her tarafı güzelce kızarana kadar kızartın. (Maşa ile dikkatlice çevirin.) Köfteleri bir tabağa alın.

5. Lahananın olduğu tencerede çok sıvı varsa altını kapatıp suyunu çekene kadar pişirin. Köfteleri ekleyin ve lahana ile kaplayın. 10 dakika daha pişirin. Sıcak servis yapın.

Köfte, Bolonya Usulü

Polpette alla Bolognese

6 porsiyon yapar

Bu tarif, Bologna'daki Trattoria Gigina'daki bir yemeğin uyarlaması. Herhangi bir köfte tarifi kadar ev yapımı olmasına rağmen, et karışımındaki mortadella ve domates sosundaki krema biraz daha sofistike görünüyor.

Sos

1 küçük soğan, ince kıyılmış

1 orta boy havuç, ince kıyılmış

1 küçük yumuşak kereviz kaburga, ince kıyılmış

2 yemek kaşığı zeytinyağı

1 1/2 su bardağı domates püresi

1/2 bardak ağır krema

Tuz ve taze çekilmiş karabiber

köfteler

1 pound yağsız kıyma

8 ons mortadella

½ su bardağı taze rendelenmiş Parmigiano-Reggiano

2 büyük yumurta, dövülmüş

½ su bardağı sade kuru ekmek kırıntısı

1 çay kaşığı koşer veya deniz tuzu

¼ çay kaşığı öğütülmüş hindistan cevizi

Taze çekilmiş karabiber

1. Sosu hazırlayın: Büyük bir tencerede veya derin bir tavada, zeytinyağında soğan, havuç ve kerevizi orta ateşte altın rengi ve yumuşayana kadar yaklaşık 10 dakika pişirin. Tatmak için domates, krema ve tuz ve karabiber ekleyin. Bir kaynamaya getirin.

2. Köftelerin hazırlanışı: Köfte malzemelerini geniş bir kaba alın. Ellerinizle, tüm malzemeleri iyice karıştırın. Yapışmayı önlemek için ellerinizi soğuk suda durulayın, ardından karışımı 2 inçlik toplar halinde hafifçe şekillendirin.

3.Köfteleri kaynayan sosa aktarın. Örtün ve köfteleri ara sıra çevirerek, tamamen pişene kadar yaklaşık 20 dakika pişirin. Sıcak servis yapın.

Marsala'da köfte

Polpette al Marsala

4 porsiyon yapar

Napoli mutfağında bir otorite olan arkadaşım Arthur Schwartz, Napoli'de çok popüler olduğunu söylediği bu tarifi bana tarif etti.

1 su bardağı kabuksuz İtalyan ekmeği, parçalara ayrılmış

¼ su bardağı süt

Yaklaşık ½ bardak çok amaçlı un

1 pound kıyma yuvarlak

2 büyük yumurta, dövülmüş

½ su bardağı taze rendelenmiş Parmigiano-Reggiano

¼ su bardağı kıyılmış jambon

2 yemek kaşığı kıyılmış taze düz yapraklı maydanoz

Tuz ve taze çekilmiş karabiber

3 yemek kaşığı tuzsuz tereyağı

½ su bardağı kuru Marsala

½ su bardağı ev yapımı <u>Et suyu</u> veya mağazadan satın alınan et suyu

1. Küçük bir kapta ekmeği 10 dakika sütte bekletin. Sıvıyı sıkın. Unu sığ bir kaseye koyun.

2. Büyük bir kaseye ekmek, sığır eti, yumurta, peynir, jambon, maydanoz, tuz ve karabiber koyun. Ellerinizle, tüm malzemeleri iyice karıştırın. Yapışmayı önlemek için ellerinizi soğuk suda durulayın, ardından karışımı sekiz adet 2 inçlik top haline getirin. Topları un içinde yuvarlayın.

3. Tüm köfteleri alacak kadar büyük bir tavada, tereyağını orta-düşük ateşte eritin. Köfteleri ekleyin ve maşayla dikkatlice çevirerek güzelce kızarana kadar yaklaşık 15 dakika pişirin. Marsala ve et suyunu ekleyin. Sıvı azalana ve köfteler pişene kadar 4 ila 5 dakika pişirin. Sıcak servis yapın.

Köfte, Eski Napoli Usulü

Santa Chiara Polpettone

4 ila 6 porsiyon yapar

Bu tarif, fırında pişirmeyi gerektirir, ancak başlangıçta somun bir tavada tamamen kızartılır, ardından üstü kapalı bir tavada biraz şarapla pişirilirdi. Ortadaki sert pişmiş yumurtalar, somun dilimlendiğinde hedef tahtası etkisi yaratır. Bu tarif tüm sığır etini gerektirse de, kıyma karışımı iyi sonuç verir.

²⁄3 su bardağı kabuksuz günlük İtalyan ekmeği

⅓ su bardağı süt

1 pound kıyma yuvarlak

2 büyük yumurta, dövülmüş

Tuz ve taze çekilmiş karabiber

4 ons tütsülenmemiş jambon, doğranmış

½ su bardağı kıyılmış Pecorino Romano veya provolon peyniri

4 yemek kaşığı sade kuru ekmek kırıntısı

2 adet haşlanmış yumurta

1. Fırının ortasına bir raf yerleştirin. Fırını 350 ° F'ye ısıtın. 9 inçlik kare bir fırın tepsisini yağlayın.

2. Ekmeği 10 dakika sütte bekletin. Fazla sıvıyı çıkarmak için ekmeği sıkın.

3. Büyük bir kapta sığır eti, ekmek, yumurta ve tuz ve karabiberi tatmak için karıştırın. Jambon ve peyniri karıştırın.

4. Büyük bir yağlı kağıt üzerine galeta ununun yarısını yağlı kağıt üzerine yayın. Et karışımının yarısını kağıdın üzerine 8×4 inçlik bir dikdörtgen şeklinde yayın. İki adet sert pişmiş yumurtayı uzunlamasına üst üste merkezden aşağı gelecek şekilde yerleştirin. Kalan et karışımını üstüne koyun, yaklaşık 8 inç uzunluğunda düzgün bir somun oluşturmak için eti birbirine bastırın. Somunu hazırlanan tavaya yerleştirin. Üstü ve yanları kalan kırıntılarla serpin.

5. Ekmeği yaklaşık 1 saat veya anında okunan bir termometrede iç sıcaklık 155 ° F'ye ulaşana kadar pişirin. Dilimlemeden önce 10 dakika soğumaya bırakın. Sıcak servis yapın.

Kırmızı Şaraplı Kızartma

Brasato al Barolo

6 ila 8 porsiyon yapar

Piyemonteli aşçılar, bölgenin Barolo şarabında büyük miktarda sığır eti kaynatırlar, ancak başka bir doyurucu sek kırmızı şarap da işe yarar.

3 yemek kaşığı zeytinyağı

1 kemiksiz sığır eti veya alt yuvarlak kızartma (yaklaşık 3 1/2 pound)

2 ons pancetta, doğranmış

1 orta boy soğan, doğranmış

2 diş sarımsak, ince kıyılmış

Barolo gibi 1 bardak sek kırmızı şarap

2 su bardağı soyulmuş, çekirdekleri çıkarılmış ve doğranmış domates

2 bardak ev yapımı <u>Et suyu</u> veya mağazadan satın alınan et suyu

2 havuç, dilimlenmiş

1 kereviz kaburga, dilimlenmiş

2 yemek kaşığı kıyılmış taze düz yapraklı maydanoz

Tuz ve taze çekilmiş karabiber

1. Büyük bir Hollanda fırınında veya sıkı oturan bir kapağı olan başka bir derin, ağır tencerede, yağı orta ateşte ısıtın. Sığır eti ekleyin ve her tarafını yaklaşık 20 dakika iyice kızartın. Tuz ve karabiberle tatlandırın. Bir tabağa aktarın.

2. Yağın iki yemek kaşığı hariç hepsini kaşıklayın. Pancetta, soğan ve sarımsağı tencereye ekleyin. Sık sık karıştırarak yumuşayana kadar yaklaşık 10 dakika pişirin. Şarabı ekleyin ve kaynatın.

3. Domates, et suyu, havuç, kereviz ve maydanozu ekleyin. Tavayı örtün ve sıvıyı kaynatın. Eti ara sıra çevirerek, 2 1/2 ila 3 saat veya çatalla delindiğinde yumuşayana kadar pişirin.

4. Eti bir tabağa aktarın. Örtün ve sıcak tutun. Tenceredeki sıvı çok ince görünüyorsa, ısıyı yükseltin ve biraz azalana kadar kaynatın. Sosu tadın ve baharat için ayarlayın. Eti dilimleyin ve sosla birlikte sıcak olarak servis edin.

Soğan Soslu ve Makarnalı Kızartma

La Genovese

8 porsiyon yapar

Soğan, havuç, prosciutto ve salam, bu yumuşak rosto için birincil tat verici maddelerdir. Bu, bölgedeki çoğu yemeğin aksine domates içermeyen eski bir Napoliten tarifi. Tarihçiler, yüzyıllar önce Cenova ve Napoli limanları arasında seyahat eden denizcilerin bu yemeği evlerine yanlarında getirdiklerini anlatıyor.

La Genovese, soğan sosunu mafalde, dalgalı kenarlı uzun makarna şeritleri veya uzun düdükle servis eden büyükannemin spesiyalitesiydi. Dilimlenen et daha sonra kalan sosla ikinci yemek olarak yenildi.

2 yemek kaşığı zeytinyağı

1 kemiksiz sığır eti veya alt yuvarlak kızartma (yaklaşık 3 1/2 pound)

Tuz ve taze çekilmiş karabiber

6 ila 8 orta boy soğan (yaklaşık 3 pound), ince dilimlenmiş

6 orta boy havuç, ince dilimlenmiş

2 ons Cenova salamı, ince şeritler halinde kesilmiş

2 ons ithal İtalyan prosciutto, ince şeritler halinde kesilmiş

1 pound mafalde veya düdük

Taze rendelenmiş Parmigiano-Reggiano veya Pecorino Romano

1. Fırının ortasına bir raf yerleştirin. Fırını 325 ° F'ye ısıtın. Büyük bir Hollanda fırınında veya sıkı oturan bir kapağı olan başka bir derin, ağır tencerede, yağı orta ateşte ısıtın. Eti ekleyin ve her tarafını yaklaşık 20 dakika iyice kızartın. Üzerine tuz ve karabiber serpin. Et tamamen kızardığında bir tabağa aktarın ve tenceredeki yağı boşaltın.

2. Tencereye 1 su bardağı su dökün ve kızaran parçaları gevşetmek için altını tahta bir kaşıkla kazıyın. Tencereye soğan, havuç, salam ve prosciutto ekleyin. Kızartmayı tencereye geri koyun. Örtün ve sıvıyı kaynatın.

3. Tencereyi fırına aktarın. Eti ara sıra çevirerek 2 1/2 ila 3 saat pişirin. veya bir çatalla delindiğinde çok hassas olana kadar.

4. Et pişmeden yaklaşık 20 dakika önce büyük bir tencerede suyu kaynatın. 2 yemek kaşığı tuzu, ardından makarnayı ekleyin ve tamamen su ile kaplanana kadar hafifçe aşağı doğru itin. Al

dente olana kadar pişirin, sadece yumuşayın ama ısırana kadar sıkın.

5. Bittiğinde eti bir tabağa aktarın. Örtün ve sıcak tutun. Sosu biraz soğumaya bırakın. Tencerenin içeriğini bir gıda değirmeninden geçirerek veya bir mutfak robotu veya karıştırıcıda karıştırarak püre haline getirin. Tatlandırın ve baharatı ayarlayın. Sosu etli tencereye geri koyun. Yavaşça tekrar ısıtın.

6. Sosun bir kısmını makarnanın üzerine servis edin. Peyniri serpin. Gerekirse sosu ve eti tekrar ısıtın. Eti dilimleyin ve kalan sosla birlikte ikinci yemek olarak servis edin.

Sicilya Dolması Sığır Eti

Farsumagru

6 porsiyon yapar

Sicilya lehçesinde Farsumagru veya standart İtalyancada falsomagro "yanlış şekilde zayıf" anlamına gelir. Adı, muhtemelen ince et diliminin içindeki zengin dolguya bir göndermedir. Bu yemeğin birçok çeşidi var. Bazı aşçılar, dış rulo için sığır eti yerine bir dilim dana eti ve doldurmada domuz sosisi yerine kıyma veya sığır eti kullanır. Jambon, salam veya pancetta bazen prosciutto yerine kullanılır. Diğer aşçılar, kaynayan sosa patates veya bezelye gibi sebzeler ekler.

Bu tarifle ilgili en zor şey, 1/4 inç kalınlığa kadar dövülebilen yaklaşık 8 × 6 × 1/2 inç tek bir dilim sığır eti elde etmektir. Kasabınızdan sizin için kesmesini isteyin.

12 ons sade İtalyan domuz sosisi, kılıfları çıkarıldı

1 yumurta, çırpılmış

1/2 su bardağı taze rendelenmiş Pecorino Romano

1/4 su bardağı ince kuru ekmek kırıntısı

2 yemek kaşığı kıyılmış taze düz yapraklı maydanoz

1 diş sarımsak, ince kıyılmış

Tuz ve taze çekilmiş karabiber

1 pound 1/2 inç kalınlığında kemiksiz sığır eti yuvarlak biftek

2 ons ince dilimlenmiş ithal İtalyan prosciutto

2 adet haşlanmış yumurta, soyulmuş

3 yemek kaşığı zeytinyağı

1 soğan, ince kıyılmış

1/2 su bardağı sek beyaz şarap

1 (28 ons) ezilmiş domates olabilir

1 su bardağı su

1. Büyük bir kapta domuz eti, yumurta, peynir, galeta unu, maydanoz, sarımsak ve tuz ve karabiberi tatmak için karıştırın.

2. Düz bir yüzeye büyük bir plastik ambalaj parçası koyun ve üzerine sığır eti koyun. Sığır eti üzerine ikinci bir plastik tabaka yerleştirin ve eti yaklaşık 1/4 inç kalınlığa kadar düzleştirmek için hafifçe dövün.

3.Üstteki plastik tabakayı atın. Prosciutto dilimlerini dana etinin üzerine yerleştirin. Et karışımını prosciutto üzerine yayın ve her tarafta 1/2 inçlik bir kenarlık bırakın. Sert pişmiş yumurtaları etin bir uzun kenarına üst üste koyun. Eti yumurtaların üzerine uzunlamasına katlayın ve doldurun ve rulo yapmanıza yardımcı olması için alt plastik sargı tabakasını kullanarak bir jöle rulosu gibi sarın. Pamuklu mutfak ipi ile ruloyu rosto gibi 1 inç aralıklarla bağlayın.

4.Yağı, büyük bir Hollanda fırınında veya kapağı sıkıca kapanan başka bir derin, ağır tencerede orta ateşte ısıtın. Sığır rulosunu ekleyin ve bir tarafını yaklaşık 10 dakika iyice kahverengileştirin. Eti maşa ile çevirin ve soğanı her tarafına yayın. Eti diğer tarafta yaklaşık 10 dakika kızartın.

5.Şarabı ekleyin ve kaynatın. Rendelenmiş domatesleri ve suyu ilave edip karıştırın. Tavayı kapatın ve eti ara sıra çevirerek yaklaşık 1 1/2 saat veya sığır eti çatalla delinip yumuşayana kadar pişirin.

6.Eti bir tabağa aktarın. Eti 10 dakika soğumaya bırakın. İpleri çıkarın ve ruloyu 1/2 inçlik dilimler halinde kesin. Dilimleri sıcak bir tabağa dizin. Gerekirse sosu tekrar ısıtın. Sosu etin üzerine gezdirip servis yapın.

Zeytin Soslu Kızarmış Bonfile

Fileto alle Olive

8 ila 10 porsiyon yapar

Zarif bir akşam yemeği partisi için yumuşak bir fileto rosto uygundur. Tatlı bir zeytin sosu veya ikamesi ile sıcak veya oda sıcaklığında servis yapın.Güneşte Kurutulmuş Domates Sosu. Bu et kesimini asla orta-az pişmişten fazla pişirmeyin, aksi takdirde kuru olur.

zeytin sosu

3 yemek kaşığı zeytinyağı

2 yemek kaşığı balzamik sirke

1 çay kaşığı tuz

Taze çekilmiş karabiber

1 dana bonfile, kesilmiş ve bağlanmış (yaklaşık 4 pound)

1 yemek kaşığı kıyılmış taze biberiye

1. Gerekirse sosu hazırlayın. Yağ, sirke, tuz ve bolca öğütülmüş karabiberi birlikte çırpın. Eti büyük bir kızartma tavasına koyun

ve etin her tarafını kaplayacak şekilde çevirerek turşunun üzerine dökün. Tavayı folyo ile örtün ve oda sıcaklığında 1 saat veya buzdolabında 24 saate kadar marine edin.

2. Fırının ortasına bir raf yerleştirin. Fırını 425 ° F'ye ısıtın. Sığır eti 30 dakika veya anında okunan bir termometre üzerinde orta-az pişmiş için en kalın kısımdaki sıcaklık 125 ° F'ye ulaşana kadar kızartın. Kızartmayı fırından bir tabağa aktarın.

3. Oymadan önce 15 dakika bekletin. Eti 1/2 inçlik dilimler halinde kesin ve sosla birlikte sıcak veya oda sıcaklığında servis yapın.

Karışık Haşlanmış Etler

bollito misto

8 ila 10 porsiyon yapar

"Karışık kaynama" anlamına gelen bollito misto, kaynayan bir sıvıda birlikte yavaş pişirilen et ve sebzelerin bir kombinasyonudur. Kuzey İtalya'da, ilk yemek yapmak için et suyuna makarna eklenir. Et dilimlenir ve daha sonra çeşitli soslarla servis edilir. Bollito misto çok şenliklidir ve bir kalabalık için etkileyici bir akşam yemeği yapar.

Her yörenin kendine göre yapım şekli vardır. Piyemonteliler, yedi çeşit etten yapılması ve domates ve dolmalık biber sosuyla servis edilmesi konusunda ısrar ediyor. Yeşil sos muhtemelen en geleneksel olanıdır, Emilia-Romagna ve Lombardiya'da ise tatlı hardal şurubunda saklanan meyveler olan mostarda tipiktir. Mostarda, birçok İtalyan pazarından ve gurme mağazalarından satın alınabilir.

Bollito misto yapmak zor olmasa da uzun pişirme gerektirir. Isıyı açtığınız andan itibaren yaklaşık dört saati hesaplayın. Etlerin tamamı pişince tencerede bir saat daha sıcak tutulabilir. Cotechino *veya diğer büyük sosisleri pişirmek için ayrı bir tencereye ihtiyaç vardır çünkü saldığı yağ et suyunu yağlı hale getirir.*

Sosların yanı sıra etleri havuç, kabak, patates gibi buharda pişirilmiş sebzelerle servis etmeyi seviyorum.

1 büyük olgun domates, ikiye bölünmüş ve çekirdekleri çıkarılmış

4 dal maydanoz sapları ile birlikte

2 kereviz sapı, yapraklarıyla birlikte iri kıyılmış

2 büyük havuç, iri doğranmış

1 büyük soğan, iri kıyılmış

1 diş sarımsak

1 kemiksiz dana rosto, yaklaşık 3 pound

Tuz

yeşil sosveya<u>Kırmızı Biber ve Domates Sosu</u>

1 kemiksiz dana omuz rosto, haddelenmiş ve bağlanmış, yaklaşık 3 pound

1 cotechino veya diğer büyük sarımsaklı sosis, yaklaşık 1 pound

1 bütün tavuk, yaklaşık 3 1/2 pound

1. 5 galonluk bir tencerede veya aynı kapasiteye sahip iki küçük tencerede sebzeleri ve 3 litre suyu birleştirin. Orta ateşte kaynamaya getirin.

2. Sığır eti ve 2 çay kaşığı tuz ekleyin. Sıvı kaynamaya döndükten sonra 1 saat pişirin. Bu arada gerekirse sosu hazırlayın.

3. Dana etini tencereye ekleyin; sıvı kaynamaya döndükten sonra 1 saat pişirin. Gerekirse etlerin üzerini örtecek kadar su ilave edin.

4. Ayrı bir tencerede, cotechino'yu 1 inç kaplayacak şekilde suyla birleştirin. Örtün ve kaynamaya getirin. 1 saat pişirin.

5. Tavuğu dana eti ve dana eti ile tencereye ekleyin. Bir kaynamaya getirin ve tavuğu bir veya iki kez çevirerek 1 saat boyunca veya bir çatalla delindiğinde tüm etler yumuşayana kadar pişirin.

6. Büyük bir kaşıkla et suyunun yüzeyindeki yağı alın. Tadına bakın ve tuzu ayarlayın. (İlk yemek olarak et suyu servis edecekseniz, et suyunun bir kısmını bir tencereye süzün, kalan et suyuyla birlikte etleri sıcak kalmaları için tencerede bırakın. Suyu kaynatın ve makarnayı içinde pişirin. Rendelenmiş ve sıcak servis yapın. Parmigiano-Reggiano.)

7. Büyük, ısıtılmış bir tabak hazırlayın. Etleri dilimleyip tepsiye dizin. Et suyundan biraz gezdirin. Dilimlediğiniz eti dilediğiniz soslarla hemen servis edin.

Venedik Usulü Kalamar

Kalamar alla Veneta

4 Porsiyon yapar

Venedik'te bu seppi, mürekkep balığı ve mürekkebi ile yapılır. Mürekkep balığı bulmak zor olduğu için kalamar (mürekkep balığı) iyi bir alternatiftir. Buradaki kalamarların çoğu mürekkep kesesi çıkarılmış olarak satılıyor, ancak birçok balık pazarı kalamar veya mürekkep balığı mürekkebini küçük plastik zarflar içinde satıyor. Varsa, derin, zengin bir renk ve tat için mürekkebin bir kısmını sos malzemelerine ekleyin. Venedik'te balık genellikle polenta sarı yerine beyaz mısır unu ile yapılır.

¼ zeytinyağı

¼ su bardağı ince kıyılmış soğan

2 diş bütün sarımsak

2 pound kalamar (kalamar), temizlenmiş ve halkalar halinde kesilmiş

2 orta boy domates, soyulmuş, tohumlanmış ve doğranmış veya 1 su bardağı doğranmış konserve domates

½ su bardağı sek beyaz şarap

Tuz ve taze çekilmiş karabiber

1. Yağı büyük bir ağır tavaya dökün. Soğanı ve sarımsağı ekleyin ve orta ateşte sık sık karıştırarak soğan altın rengi olana kadar yaklaşık 10 dakika pişirin. Sarımsağı atın.

2. Kalamar, domates, şarap ve tuz ve biberi tatmak için ekleyin. Bir kaynamaya getirin ve sos koyulaşana ve kalamar yumuşayana kadar yaklaşık 30 dakika pişirin. Sıcak servis yapın.

Enginar ve Beyaz Şarap ile Kalamar

Kalamar ve Carciofi

4 porsiyon yapar

Enginarların tatlılığı, Liguria'dan birçok klasik deniz ürünü tarifinin lezzetini tamamlıyor. Taze enginarı temizleme zahmetine girmek istemiyorsanız, bir paket donmuş enginar kalbi kullanabilirsiniz.

1 1/2 pound temizlenmiş kalamar (kalamar)

4 orta boy enginar

1 diş sarımsak, ince kıyılmış

2 yemek kaşığı kıyılmış taze düz yapraklı maydanoz

1/4 su bardağı zeytinyağı

1 su bardağı kuru beyaz şarap

Tuz ve taze çekilmiş karabiber

1. Kalamarın içini ve dışını iyice yıkayın. İyice süzün. Gövdeleri çapraz olarak 1/2 inçlik halkalar halinde kesin. Dokunaçları taban boyunca ikiye bölün. Kurulayın.

2.Enginarları, soluk yeşil orta koniye ulaşana kadar gövde ucunu ve tüm dış yaprakları çıkarın. Küçük bir bıçakla tabandaki koyu yeşil lekeleri ayırın. Enginarları ikiye bölün ve tüylü iç boğazı kazıyın. Her yarısını ince dilimler halinde kesin.

3.Sarımsak, maydanoz ve yağı orta ateşte büyük bir tavaya koyun. Sarımsak altın olana kadar yaklaşık 1 dakika pişirin. Tatmak için kalamar ve tuzu karıştırın. Şarabı ekleyin ve kısık ateşte kaynamaya bırakın. Örtün ve 20 dakika pişirin.

4.Enginarları ve 2 yemek kaşığı suyu ilave edip karıştırın. 30 dakika veya yumuşayana kadar pişirin. Sıcak servis yapın.

ızgara kalamar dolması

Kalamar Ripieni

4 porsiyon yapar

Kalamar dolma için mükemmeldir ama büyük kalamar alın yoksa iş sıkıcı olur. Vücut boşluklarını yarıdan fazla doldurmayın. Pişirirken önemli ölçüde küçülürler, bu nedenle aşırı doldurulursa dolgu patlayabilir. Bu tarif güney İtalya'daki Puglia'dan.

8 ila 12 büyük kalamar (kalamar), yaklaşık 6 ila 8 inç uzunluğunda, temizlenmiş

1 su bardağı sade kuru ekmek kırıntısı

¼ su bardağı zeytinyağı

2 yemek kaşığı rendelenmiş Pecorino Romano veya Parmigiano-Reggiano

1 diş sarımsak, ince kıyılmış

1 yemek kaşığı kıyılmış taze düz yapraklı maydanoz

Tuz ve taze çekilmiş karabiber

1 limon, dilimler halinde kesilmiş

1. Her kalamarın sivri ucunda küçük bir yarık açın. Suyun vücut kesesinden akmasına izin vererek iyice durulayın. Süzün ve kurulayın.

2. Tatmak için galeta unu, yağ, peynir, sarımsak, maydanoz ve tuz ve karabiberi karıştırın. Karışımın 1/4 fincanını kenara ayırın. Karışımın geri kalanını gevşek bir şekilde kalamarın içine doldurun ve sadece yarısına kadar doldurun. Dokunaçları vücut kesesine sokun ve tahta kazmalarla sabitleyin. Kalan galeta unu karışımında kalamarları yuvarlayın.

3. Isı kaynağından yaklaşık 5 inç uzağa bir barbekü ızgarası veya piliç rafı yerleştirin. Izgarayı veya ızgarayı önceden ısıtın.

4. Kalamarı, gövdeleri opak olana ve hafifçe kızarana kadar, her bir tarafta yaklaşık 2 dakika ızgara yapın veya kızartın. Bir tabağa aktarın ve limon dilimleri ile sıcak servis yapın.

Zeytin ve Kapari Dolgulu Kalamar

Kalamar Ripieni

4 porsiyon yapar

Kalamar (kalamar) ısıtıldığında çabuk sertleşir, ancak sıvı içinde en az 30 dakika pişirildiğinde yumuşar. En iyi doku için, kalamarları bu tarifte olduğu gibi hızlı bir şekilde pişirin, ızgara yapın veya kızartın veya yumuşayana kadar yavaşça pişirin.

2 1/2 pound temizlenmiş büyük kalamar (kalamar), yaklaşık 6 ila 8 inç uzunluğunda

2 yemek kaşığı zeytinyağı

1 diş sarımsak, ince kıyılmış

1/2 su bardağı sade ekmek kırıntısı

2 yemek kaşığı kıyılmış taze düz yapraklı maydanoz

2 yemek kaşığı doğranmış Gaeta veya diğer hafif siyah zeytin

2 yemek kaşığı doğranmış, durulanmış ve süzülmüş kapari

1/2 çay kaşığı kurutulmuş kekik, ufalanmış

Tuz ve taze çekilmiş karabiber

Sos

¼ su bardağı zeytinyağı

½ su bardağı sek kırmızı şarap

2 su bardağı doğranmış konserve soyulmuş domates, suyuyla birlikte

1 büyük diş sarımsak, hafifçe ezilmiş

Bir tutam ezilmiş kırmızı biber

Tuz

1. Her kalamarın sivri ucunda küçük bir yarık açın. Suyun vücut kesesinden akmasına izin vererek iyice durulayın. Süzün ve kurulayın. Vücutları dokunaçlardan bir bıçakla ayırın. Cesetleri bir kenara koyun. Dokunaçları büyük bir bıçakla veya mutfak robotunda doğrayın.

2. 2 yemek kaşığı yağı orta boy bir tavaya dökün. Sarımsağı ekleyin. Sarımsak yaklaşık 1 dakika altın rengine dönene kadar orta ateşte pişirin. Dokunaçları karıştırın. 2 dakika karıştırarak pişirin. Galeta unu, maydanoz, zeytin, kapari ve kekik ekleyin. Tatmak için tuz ve karabiber ekleyin. Ateşten alın ve soğumaya bırakın.

3. Küçük bir kaşıkla galeta unu karışımını gevşek bir şekilde kalamar gövdelerine yarıya kadar doldurun. Kalamarı tahta kürdanlarla sabitleyin.

4. Tüm kalamarları tek bir katmanda tutacak kadar büyük bir tava seçin. 1/4 bardak yağı dökün ve orta ateşte ısıtın. Kalamarı ekleyin ve her tarafı yaklaşık 2 dakika tamamen opak olana kadar maşayla çevirerek pişirin.

5. Şarabı ekleyin ve kaynatın. Tatmak için domates, sarımsak, ezilmiş kırmızı biber ve tuzu karıştırın. Bir kaynamaya getirin. Tavayı kısmen kapatın ve kalamarları ara sıra çevirerek çok yumuşayana kadar 50 ila 60 dakika pişirin. Sos çok koyu olursa biraz su ekleyin. Sıcak servis yapın.

Kalamar Dolması, Roma Usulü

Kalamar Ripieni alla Romana

4 porsiyon yapar

Yıllar önce Roma'da İtalyanca okurken, sık sık okulun yakınındaki aile tarafından işletilen bir trattoria'da öğle yemeği yerdim. Mekan her gün yakındaki dükkanlardan ve ofis binalarından gelen ve servis ettikleri ev yemekleri için yemek odasını dolduran işçilerle dolardı. Menü sınırlıydı, ancak ucuz ve çok iyiydi. Bu onların doldurulmuş kalamar hakkındaki yorumum.

1½ pound temizlenmiş büyük kalamar (kalamar), yaklaşık 6 ila 8 inç uzunluğunda

1 su bardağı sade kuru ekmek kırıntısı

3 diş sarımsak, ince kıyılmış

2 yemek kaşığı ince kıyılmış taze düz yapraklı maydanoz

Tuz ve taze çekilmiş karabiber

5 yemek kaşığı zeytinyağı

1 büyük soğan, ince kıyılmış

2 su bardağı soyulmuş, çekirdekleri çıkarılmış ve doğranmış domates

½ su bardağı sek beyaz şarap

1. Her kalamarın sivri ucunda küçük bir yarık açın. Suyun vücut kesesinden akmasına izin vererek iyice durulayın. Süzün ve kurulayın. Dokunaçları ince ince doğrayın.

2. Bir kasede dokunaçları, galeta unu, sarımsak, maydanoz ve tuz ve karabiberi tatlandırın. 2 ila 3 yemek kaşığı zeytinyağı veya karışımı nemlendirmeye yetecek kadar ekleyin. Küçük bir kaşıkla galeta unu karışımını gevşek bir şekilde kalamarın yarısına kadar doldurun. Kalamarı tahta kürdanlarla sabitleyin.

3. Kalan 3 yemek kaşığı yağı büyük bir tavaya dökün. Soğanı ekleyin. Orta ateşte sık sık karıştırarak yumuşayana kadar yaklaşık 10 dakika pişirin. Tatmak için domatesleri, şarabı ve tuz ve karabiberi karıştırın. Bir kaynamaya getirin, ardından ısıyı düşük seviyeye indirin. Kalamarı ekleyin. Örtün ve ara sıra karıştırarak 50 ila 60 dakika veya kalamar çatalla delindiğinde yumuşayana kadar pişirin. Sıcak servis yapın.

Mauro'nun Rezene ve Portakallı Izgara Ahtapotu

Insalata di Polipo

4 porsiyon yapar

Rezene ve portakal salatası, klasik bir Sicilya yemeğidir. Arkadaşım Şef Mauro Mafrici'nin bu yaratıcı tarifinde, serinletici salatanın tepesinde çıtır çıtır ızgara ahtapot var. Rezeneyi keskin bir bıçak, mandolin veya mutfak robotunun çok ince bıçağıyla mümkün olduğunca ince dilimlediğinizden emin olun.

Ahtapot korkutucu görünebilir, ancak hazırlanmak için çok az çaba gerektirir. Doğru pişirildiğinde, hafif bir tat ve hoş bir şekilde çiğnenirler. Ahtapot genellikle süpermarket balık reyonlarında veya balık pazarlarında dondurulmuş veya çözülmüş olarak satılmaktadır. Dondurulmuş olarak satın aldıysanız, suyu birkaç kez değiştirerek bir kase soğuk suda çözün. Bu tarif tipik olarak her biri yaklaşık 6 ons ağırlığındaki küçük ahtapot ile yapılır. Küçük olanlar mevcut değilse, bir büyük ahtapot ikame edilebilir.

4 ila 8 bebek ahtapot, her biri yaklaşık 6 ons veya 1 büyük ahtapot, yaklaşık 2½ pound

5 yemek kaşığı sızma zeytinyağı

1 diş sarımsak, ince kıyılmış

2 yemek kaşığı iri kıyılmış düz yapraklı maydanoz

Tuz ve taze çekilmiş karabiber

1 orta boy rezene ampulü

1 yemek kaşığı taze sıkılmış limon suyu veya tadı

2 veya 3 göbek portakalı, soyulmuş ve dilimlenmiş

Gaeta gibi 1 su bardağı hafif siyah zeytin

1. Sert, yuvarlak gaganın çıkarılıp çıkarılmadığını görmek için ahtapotun tabanını kontrol edin. Gerekirse sıkın. Büyük bir tencerede suyu kaynatın. Ahtapotu ekleyin ve bıçakla delinene kadar 30 ila 60 dakika pişirin. Ahtapotu durulayın ve kurulayın. Büyük ahtapotu 3 inçlik parçalar halinde kesin.

2. Bir kapta ahtapotu 3 yemek kaşığı yağ, sarımsak, maydanoz ve bir tutam tuz ve karabiberle karıştırın. 1 saat kadar buzdolabında bir gece bekletin

3. Rezenenin tabanını dilimleyin ve çürük noktaları kesin. Yeşil sapları çıkarın, varsa tüylü yeşil yaprakları süslemek için ayırın. Rezeneyi uzunlamasına dörde bölün ve çekirdeğini budayın.

Çeyrekleri çapraz olarak çok ince dilimler halinde dilimleyin. Yaklaşık 3 bardak almalısın.

4. Orta boy bir kapta, kalan 2 yemek kaşığı yağı, limon suyunu ve tuzu tatmak için çırpın. Rezeneyi, portakal dilimlerini, zeytinleri ve varsa rezene yapraklarını ekleyin ve hafifçe karıştırın.

5. Isıdan yaklaşık 4 inç uzağa bir barbekü ızgara rafı veya broiler tavası yerleştirin. Izgarayı veya ızgarayı önceden ısıtın. Hazır olduğunuzda, ahtapotu bir kez çevirerek, kızarana ve çıtır çıtır olana kadar, her bir tarafı yaklaşık 3 dakika ızgara yapın veya kızartın.

6. Rezene salatasını dört tabağa alın ve ahtapotla süsleyin. Hemen servis yapın.

Domates-Kızarmış Ahtapot

Salsa di Pomodoro'da Polipetti

4 yapar

Bir zamanlar balıkçılar yeni yakaladıkları ahtapotları yumuşatmak için kayalara vururlardı. Ancak günümüzde onları dondurmak ve çözmek, sert liflerin parçalanmasına yardımcı olur. Neopolitan bir yöntem olan suda kaynatmak, yumuşamalarını sağlar. Sosu emmek için bol miktarda iyi ekmekle servis yapın.

4 ila 8 bebek ahtapot, her biri yaklaşık 6 ons veya 1 büyük ahtapot, yaklaşık 2 1/2 pound

1/4 su bardağı zeytinyağı

2 su bardağı doğranmış konserve soyulmuş domates, suyuyla birlikte

4 yemek kaşığı kıyılmış taze düz yapraklı maydanoz

2 büyük diş sarımsak, ince kıyılmış

Bir tutam ezilmiş kırmızı biber

Tuz

1. Sert, yuvarlak gaganın çıkarılıp çıkarılmadığını görmek için ahtapotun tabanını kontrol edin. Gerekirse sıkın. Büyük bir tencerede suyu kaynatın. Ahtapotu ekleyin ve bıçakla delinene kadar 30 ila 60 dakika pişirin. Ahtapotu boşaltın ve kurutun, pişirme sıvısının bir kısmını saklayın. Büyük ahtapotu lokmalık parçalar halinde kesin.

2. Büyük, ağır bir tencerede, yağı orta ateşte ısıtın. Ahtapot, domates, 3 yemek kaşığı maydanoz, sarımsak, kırmızı biber ve tuzu ekleyin. Birleştirmek için karıştırın. Sosu kaynatın. Tencerenin kapağını kapatın ve çok kısık ateşte ara sıra karıştırarak 30 dakika pişirin. Sos çok kuru olursa, ayrılmış sıvıdan biraz ekleyin.

3. Ortaya çıkarın ve 15 dakika daha veya sos kalınlaşana kadar pişirin. Sıcak servis yapın.

Kabuklu Salata

Insalata di Scungilli

4 porsiyon yapar

Noel arifesinde, ailemin masası her zaman çeşitli balık ve deniz ürünleri ile doluydu; salatalarda servis edilir, fırınlanır, doldurulur, soslanır ve kızartılır. Babamın favorisi, deniz salyangozlarının benzer türleri olan kabuklu veya deniz salyangozu ile yapılan bu salataydı, ancak biz ona her zaman Napoliten lehçesi olan scungilli adını verdik.

Çıtır kereviz, hafif çiğnenmiş deniz ürünlerini tamamlar, ancak taze rezene ikame edilebilir.

1 pound taze veya dondurulmuş kabuklu veya deniz salyangozu eti (scungilli)

Tuz

⅓ su bardağı sızma zeytinyağı

2 yumuşak kereviz kaburga

2 yemek kaşığı kıyılmış taze düz yapraklı maydanoz

1 diş sarımsak, ince kıyılmış

Bir tutam ezilmiş kırmızı biber

2 ila 3 yemek kaşığı taze limon suyu

Radicchio veya marul yaprakları

1. Taze kabuklu kullanıyorsanız, 2. adıma geçin. Kabuklular donmuşsa, üzerini örtmek için soğuk su dolu bir kaseye koyun. Kabı en az 3 saat ila gece boyunca buzdolabına koyun, suyu ara sıra değiştirin.

2. Orta boy bir tencereye su kaynatın. Deniz kabuğunu ve 1 çay kaşığı tuzu ekleyin. Su tekrar kaynama noktasına geldiğinde, deniz kabuğunu bir çatalla delinene kadar yaklaşık 20 dakika pişirin. Süzün ve kurulayın.

3. Kabukluyu 1/4 inçlik dilimler halinde kesmeye başlayın. Süngerimsi bir madde ile dolu karanlık bir tüpe geldiğinizde, çekin veya kesip atın, çünkü kumlu olabilir. Vücudun dışında çıkarılması gerekmeyen başka bir tüp daha vardır. Dilimleri iyice durulayın ve kurulayın.

4. Orta boy bir kapta kereviz, maydanoz, sarımsak, kırmızı biber, 2 yemek kaşığı limon suyu ve bir tutam tuzu birleştirin. Gerekirse kalan limon suyunu ekleyerek baharat için kabuklu ve tadı ekleyin.

5. 1 saate kadar soğutun veya turp veya marul yapraklarından oluşan bir yatakta hemen servis yapın.

Acı Soslu Deniz Kabuğu

Salsa Piccante'de Scungilli

6 ila 8 porsiyon yapar

Ben çocukken ailem Brooklyn'deki evimizden deniz ürünleri için Manhattan şehir merkezindeki Little Italy'ye giderdi. Babam ve amcalarım bu yemeği ısmarlar, garsondan onlarınkini daha baharatlı yapmasını isterdi. Deniz ürünleri ve sos, bol karabiberle tatlandırılmış sert bisküviler olan freselle üzerine kaşıkla döküldü ve bu da yemeği daha da sıcak yaptı. Bunun yerine kız kardeşim ve kuzenlerim ve ben bir tabak kızarmış deniz ürünü veya doldurulmuş midye paylaşırdık, bir gün böyle baharatlı yiyeceklerin tadını çıkaracağımızı asla düşünmezdik.

Taze kabuklu veya deniz salyangozu (İtalyanca'da scungilli olarak bilinir) benim bölgemde bulmak kolay değil, bu yüzden kısmen önceden pişirilmiş ve dondurulmuş türleri kullanıyorum. Çoğu balık pazarında bulunur. Ben de kızarmış ekmek kullanıyorum. Ama dilerseniz birçok İtalyan fırınında freselle bulabilirsiniz. Elinizle parçalara ayırın ve biraz yumuşamaları için üzerlerine su serpin.

2 pound kısmen pişmiş taze veya dondurulmuş kabuklu veya deniz salyangozu eti (scungilli)

⅓ su bardağı zeytinyağı

2 büyük diş sarımsak, ince kıyılmış

Bir tutam ezilmiş kırmızı biber veya tatmak

2 (28 ons) kutu soyulmuş domates, doğranmış

1 su bardağı kuru beyaz şarap

Tuz

2 yemek kaşığı kıyılmış taze düz yapraklı maydanoz

İtalyan ekmek dilimleri, kızarmış

1. Taze kabuklu kullanıyorsanız, 2. adıma geçin. Kabuklular donmuşsa, üzerini örtmek için soğuk su dolu bir kaseye koyun. Kâseyi birkaç saat veya gece boyunca buzdolabına koyun, suyu ara sıra değiştirin.

2. Kabukluyu 1/4 inçlik dilimler halinde kesmeye başlayın. Süngerimsi bir madde ile dolu karanlık bir tüpe geldiğinizde, çekin veya kesip atın, çünkü kumlu olabilir. Vücudun dışında çıkarılması gerekmeyen başka bir tüp daha vardır. Dilimleri iyice durulayın ve kurulayın.

3. Yağı büyük bir tencereye dökün. Sarımsağı ve ezilmiş kırmızı biberi ekleyin. Sarımsak altın rengi olana kadar yaklaşık 2 dakika orta ateşte pişirin. Tatmak için domatesleri ve suyunu, şarabı ve tuzu ekleyin. Bir kaynamaya getirin. 15 dakika kısık ateşte ara sıra karıştırarak pişirin.

4. Kabuğu ekleyin ve kaynamaya getirin. Kabuk yumuşayana ve sos koyulaşana kadar ara sıra karıştırarak yaklaşık 30 dakika pişirin. Sos çok kalınsa, biraz su ile karıştırın. İstenirse daha fazla biber ekleyerek baharat tadın. Maydanozu karıştırın.

5. Kızarmış İtalyan ekmeği dilimlerini 4 makarna kasesinin dibine yerleştirin. Deniz kabuğunun üzerine kaşıkla koyun ve hemen servis yapın.

KARIŞIK DENİZ ÜRÜNLERİ

Deniz Mahsüllü Kuskus

Cuscusu

4 ila 6 porsiyon yapar

Kuskus, Arapların adanın batı kısmını yönettiği Sicilya'da en az dokuzuncu yüzyıla kadar uzanır. Bir zamanlar irmiğin elle küçük topaklara yuvarlanmasıyla yapılıyordu, ancak şimdi herhangi bir markette önceden pişirilmiş (anlık) olarak mevcut. Sahil kasabası Trapani'de kuskus et, balık veya sebze ile yapılır. Bu, o bölgeyi ziyaret ederken tattığım deniz ürünleri kuskusunun benim versiyonum.

Balık yemeklerinde balık suyu kullanmak genellikle daha iyidir, ancak tavuk suyunu da bir tutam olarak kullanabilirsiniz; Ev yapımı her zaman tercih edilir.

2 su bardağı balık veya [Tavuk suyu](#)

2 su bardağı su

1 1/2 su bardağı hazır kuskus

Tuz

1/4 su bardağı zeytinyağı

1 büyük soğan, doğranmış

2 diş sarımsak, çok ince kıyılmış

1 defne yaprağı

2 büyük domates, soyulmuş, çekirdekleri çıkarılmış ve doğranmış veya 2 su bardağı doğranmış konserve domates, suyuyla birlikte

4 yemek kaşığı kıyılmış taze düz yapraklı maydanoz

Bir tutam toz tarçın

Bir tutam karanfil

Bir tutam taze çekilmiş hindistan cevizi

Bir tutam safran ipliği, ufalanmış

Bir tutam kırmızı toz biber

Tuz ve taze çekilmiş karabiber

Kılıç balığı, pisi balığı, maymunbalığı veya levrek ve kabuklu deniz ürünleri gibi 2 kilo çeşitli sert etli balık filetosu veya biftek

1. Et suyunu ve suyu kaynatın. Kuskusu ısıya dayanıklı bir kaba koyun ve 3 bardak sıvı ve tuzu tatlandırın. Kalan sıvıyı bir

kenara koyun. Kuskusu örtün ve sıvı emilene kadar yaklaşık 10 dakika bekletin. Kuskusu bir çatalla kabartın.

2. Yağı, balığı tek bir tabaka halinde tutacak kadar büyük bir tencereye dökün. Soğan ve sarımsağı ekleyin. Orta-düşük ısıda sık sık karıştırarak yumuşayana kadar yaklaşık 10 dakika pişirin. Defne yaprağını ekleyin ve 1 dakika daha pişirin. Domatesleri, 2 yemek kaşığı maydanozu, tarçını, karanfili, küçük hindistan cevizini, safranı ve kırmızı biberi ekleyin. 5 dakika pişirin. 2 su bardağı su ve damak tadınıza göre tuz ve karabiber ekleyin. Bir kaynamaya getirin.

3. Bu arada, balığın derisini veya kemiklerini çıkarın. Balıkları 2 inçlik parçalar halinde kesin.

4. Balıkları tencereye ekleyin. Örtün ve 5 ila 10 dakika veya balık en kalın kısımda zar zor opak olana kadar pişirin. Oluklu bir kaşıkla balığı ılık bir tabağa aktarın. Örtün ve sıcak tutun.

5. Kuskusu tencereye ekleyin. Örtün ve 5 dakika veya sıcak olana kadar pişirin. Tatlandırın ve baharatı ayarlayın. Kuskus kuru görünüyorsa, ayrılmış et suyundan biraz ekleyin.

6. Kuskusu derin bir servis tabağına alın. Balıkla doldurun. Kalan maydanoz serpin ve hemen servis yapın.

Karışık Balık Kızartması

Gran Fritto Misto di Pesce

4 ila 6 porsiyon yapar

Küçük balık veya kesilmiş kalamar (kalamar) parçaları üzerinde hafif bir kabuk oluşturmak için gereken tek şey ince bir un tabakasıdır. Bu yöntemi tek tür balık veya kalamar gibi deniz ürünleri için kullanabilir veya birkaç çeşit kullanabilirsiniz.

4 ons temizlenmiş kalamar (kalamar)

Whitebait, taze (konserve edilmemiş) hamsi veya sardalya gibi 1 pound çok küçük taze balık, temizlenmiş

4 ons küçük karides, kabuklu ve ayıklanmış

1 fincan çok amaçlı un

1 çay kaşığı tuz

Kızartma için bitkisel yağ

1 limon, dilimler halinde kesilmiş

1. Kalamarı güzelce yıkayıp süzün. Gövdeleri 1/2 inçlik halkalar halinde kesin. Büyükse, her dokunaç grubunu tabandan ikiye

bölün. Hamsi veya sardalye gibi küçük bütün balıkların kafalarının çıkarılması isteğe bağlıdır. Whitebait her zaman bütün bırakılır. Balığın içini ve dışını iyice durulayın. Kurulayın.

2. Un ve tuzu bir parça yağlı kağıt üzerinde karıştırın ve ardından yayın.

3. Bir tepsiyi kağıt havlularla hizalayın. Derin, ağır bir tencereye 2 inç derinliğe ulaşacak kadar yağ dökün veya elektrikli fritöz kullanıyorsanız üreticinin talimatlarını izleyin. Yağı derin kızartma termometresinde 370 ° F'ye ısıtın veya 1 inçlik bir parça ekmek yağın içine düşene kadar 1 dakika içinde cızırdayıp kızarana kadar ısıtın.

4. Un karışımına küçük bir avuç balık ve kabuklu deniz hayvanı atın. Fazlalığı silkeleyin. Maşa kullanarak, balığı dikkatlice sıcak yağa kaydırın. Tavayı kalabalıklaştırmayın. Gevrek ve hafif altın rengi olana kadar yaklaşık 2 dakika kızartın.

5. Oluklu bir kaşıkla, balıkları boşaltmak için kağıt havlulara aktarın. Düşük bir fırında sıcak tutun. Kalan deniz ürünlerini de aynı şekilde pişirin. Limon dilimleri ile sıcak servis yapın.

Molise Usulü Balık Yahnisi

Zuppa di Pesce alla Marinara

6 porsiyon yapar

Molise usulü balık yahnisi, bol miktarda tatlı yeşil biber bulunması nedeniyle diğer yörelerden farklıdır. Uzun İtalyan kızartma biberlerini veya yeşil dolmalık biberleri kullanın. İdeal olarak bunu mümkün olduğunca çok çeşitli balıkla yaparsınız ama ben sadece kalamar (kalamar) ve maymunbalığı ile yaptım ve çok güzel oldu. Molise aşçıları ıstakoz, ahtapot ve kaya balığı veya diğer sert etli çeşitleri kullanabilir.

¼ su bardağı zeytinyağı

1½ libre İtalyan kızartma biberi, tohumlanmış ve doğranmış

1 soğan, doğranmış

Tuz

2 yemek kaşığı kırmızı şarap sirkesi

½ pound kalamar (kalamar), halkalar halinde kesilmiş

2 inçlik parçalar halinde kesilmiş 1 kiloluk sert beyaz balık biftekleri veya filetoları

½ pound orta boy karides, kabuklu, kabuğu çıkarılmış ve 1/2 inçlik parçalar halinde kesilmiş

2 yemek kaşığı kıyılmış taze düz yapraklı maydanoz

6 ila 12 dilim İtalyan ekmeği, kızarmış

Sızma zeytinyağı

1. Büyük bir tencerede, yağı orta ateşte ısıtın. Tatmak için biber, soğan ve tuzu karıştırın. Örtün ve ısıyı düşük seviyeye indirin. Ara sıra karıştırarak, çok yumuşayana kadar yaklaşık 40 dakika pişirin. Ateşten alın ve soğumaya bırakın.

2. Tava içeriğini bir mutfak robotu veya karıştırıcıya kazıyın. Pürüzsüz olana kadar işleyin. Tatlandırmak için sirke ve tuzu ekleyin ve karıştırmak için kısaca tekrar işleyin.

3. Biber ve soğan karışımını tekrar tencereye alın. 1 ila 2 bardak su veya sıvıyı ağır krema kadar kalın hale getirmeye yetecek kadar ekleyin. Orta-düşük ateşte kaynama noktasına getirin. Kalamarı ekleyin ve yaklaşık 20 dakika çatalla delinene kadar pişirin.

4. Balık parçalarını ve karidesleri ekleyin. Balık pişene kadar yaklaşık 5 dakika pişirin. Maydanozu karıştırın. Kızarmış ekmek ve biraz sızma zeytinyağı ile sıcak servis yapın.

kümes hayvanları

İtalyan aşçılar, aralarından seçim yapabileceğiniz geniş bir kümes hayvanı yelpazesine sahiptir. Tavuk ve hindiye ek olarak, horoz, sülün, beç tavuğu, ördek, kaz, güvercin, bıldırcın ve diğer kuşlar da kolaylıkla bulunur.

İkinci Dünya Savaşı sonrasına kadar İtalya'da tavuk yaygın olarak yenmiyordu. Kümes hayvanları pahalıydı ve canlı bir tavuk, bir çiftlik ailesinin yemesi veya satması için yumurta üretebilirdi. Tavuklar ancak yumurtlayamayacak kadar yaşlandıklarında, aileden biri hastalanıp fazladan beslenmeye ihtiyaç duyduğunda veya özel ziyafetlerde öldürülürdü. Bugünkü tavuk tariflerinin çoğu bir zamanlar yabani kuşlar veya tavşanla yapılıyordu.

Noel ve diğer tatillerde İtalyanlar genellikle capon servis eder. Capon'un tadı tavuğa benzer, ancak daha derin ve zengindir. Et veya ekmek dolgulu kavrulmuş capon, İtalya'nın her yerinde yenir. Emilia-Romagna'da, kaponlar kavrulur ve elle şekillendirilmiş küçük tortellini pişirmek için et suyu yapmak üzere doldurulur veya kaynatılır. Veneto'dan gelen geleneksel bir tarif, kaponun parçalara ayrılması, bitkilerle tatlandırılması ve tatları tutması için bir domuzun mesanesinde buharda pişirilmesidir. Piedmont'ta kaponlar yer mantarı ile doldurulur ve tatil yemekleri için kaynatılır veya kızartılır. Tercihe göre kaponun yerine küçük bir hindi veya büyük bir kızarmış tavuk da konulabilir.

Bu bölümdeki tariflerin çoğu tavuk ve hindi içindir çünkü Amerika Birleşik Devletleri'ndekilerin arzı güvenilir ve tutarlıdır. İyi bir tavuk ve hindi aroması için antibiyotiksiz yetiştirilmiş serbest gezinen kümes hayvanlarını kullanmayı tercih ederim. Organik ve serbest gezinen kuşlar daha pahalı olmasına rağmen daha lezzetli, daha iyi bir dokuya sahip ve sizin için daha iyi.

Ne tür kümes hayvanı pişiriyor olursanız olun, oyukta veya boyun bölgesinde paketlenmiş olan sakatatları, karaciğeri ve diğer parçaları çıkarın. Kuşun içini ve dışını iyice durulayın. Nadiren, parmaklarınızla veya cımbızla çıkarmanız gereken hala bağlı ince tüyler görürsünüz. Tavuk, horoz ve ördek gibi bazı kümes hayvanları, boşluktan çekilebilen veya kesilebilen fazla yağa sahiptir. Kuş bütün olarak pişecekse kanat uçlarını arkadan bükün. Herhangi bir doldurma veya tatlandırıcı malzemeyi yerleştirin, ardından düzgün bir görünüm ve daha eşit pişirme için bacakları mutfak ipi ile birbirine bağlayın.

Bazı tavuklar, hindiler ve diğer büyük kuşların memesine yerleştirilmiş küçük bir termometre vardır. Bu cihazlar, pişirme suyuyla tıkanabilecekleri için genellikle hatalıdır. Pişip pişmediğini kontrol etmek için anında okunan bir termometreye güvenmek en iyisidir. Uyluğa bir çatalla delindiğinde ve uyluğun en kalın kısmındaki sıcaklık anında 170° ila 175°F (kapon için 180°F) olduğunda tavuk, hindi ve capon yapılır. termometre oku. Termometrenin kemiğe değmediğinden emin olun (veya sıcaklık etinkinden daha yüksek olabilir). Bıldırcın, kaz ve ördek, ördek göğsü hariç, İtalya'da iyi pişmiş olarak yenir. Tavada pişirildiğinde, ördek göğsü genellikle orta pişmiş olarak servis edilir.

TAVUK KÖFTE (SCALOPPINE)

Scaloppine, İngilizce'de genellikle pirzola olarak adlandırılan ince, kemiksiz, derisiz et veya kümes hayvanı dilimleridir. Her tür etten ve hatta bazen sert etli balıktan yapılabilirler, ancak Amerika Birleşik Devletleri'nde dana eti, tavuk ve hindi en yaygın olanlarıdır. En lezzetli kesimler olmasa da, deniz tarağı veya pirzola yumuşaktır, çabuk pişirilir ve çeşitli tatlara iyi gelir, bu nedenle hızlı yemekler için iyi bir seçimdir.

Dana scaloppin, İtalyan mutfağının en tipik türüdür, ancak iyi dana eti pahalıdır ve her zaman hazır bulunmaz, bu nedenle Amerika Birleşik Devletleri'ndeki birçok aşçı tavuk veya hindi pirzola kullanır.

Tavuk pirzola satın alırken, bütün, iyi kesilmiş dilimler arayın. Evde, dilimlerin yeterince ince olup olmadığını kontrol edin, 1/4 inçten fazla olmamak en iyisidir.

Et daha kalınsa veya eşit olmayan şekilde kesilmişse, dilimleri iki yağlı kağıt veya streç film arasına yerleştirin. Et tokmağı gibi pürüzsüz bir nesneyle çok nazikçe dövün. Hırdavatçıdan ucuz bir lastik tesisatçı tokmağı iyi bir iş çıkarıyor. Lifleri parçalamak ve eti yumuşatmak için tasarlanmış sarp yüzeyli bir tokmak kullanmayın ve çok fazla vurmayın, yoksa ince, yassı pirzola yerine ince kıyılmış etiniz olur.

Tavuk Pirzola Francese

Pollo alla Francese

4 porsiyon yapar

Birçok İtalyan-Amerikan restoranı, bu pirzolaları limon soslu hafif, yumurtamsı bir kabukta sunardı. Neden "Fransız tarzı" anlamına gelen Francese dendiğini bilmiyorum ama zarif olduğu düşünüldüğünden olabilir. Hala favoridir ve tereyağlı bezelye veya ıspanakla harika bir tada sahiptir.

1¼ pound ince dilimlenmiş tavuk pirzola

Tuz ve taze çekilmiş karabiber

2 büyük yumurta

½ su bardağı çok amaçlı un

½ bardak <u>Tavuk suyu</u> veya mağazadan satın alınmış

¼ su bardağı sek beyaz şarap

2 ila 3 yemek kaşığı taze limon suyu

3 yemek kaşığı zeytinyağı

3 yemek kaşığı tuzsuz tereyağı

1 yemek kaşığı taze düz yapraklı maydanoz

1 limon, dilimler halinde kesilmiş

1.Tavuk dilimlerini iki streç film arasına yerleştirin. Dilimleri yaklaşık 1/4 inç kalınlığa kadar hafifçe dövün. Tavuğu tuz ve karabiber serpin.

2.Sığ bir kapta, iyice karışana kadar yumurtaları tuz ve karabiberle çırpın. Unu bir parça yağlı kağıt üzerine yayın. Et suyu, şarap ve limon suyunu karıştırın.

3.Büyük bir tavada, yağı tereyağı ile orta ateşte tereyağı eriyene kadar ısıtın. Pirzolaları tek kat halinde kalıba sığacak kadar una bulayın. Sonra onları yumurtaya batırın.

4.Tavadaki dilimleri tek bir katmanda düzenleyin. Tavuğu altta altın rengi kahverengi olana kadar 2 ila 3 dakika pişirin. Tavuğu maşayla çevirin ve diğer tarafını 2-3 dakika daha kızartın. Tereyağının yanmaması için ısıyı ayarlayın. Tavuğu bir tabağa aktarın. Folyo ile örtün ve sıcak tutun. Kalan tavukla tekrarlayın.

5.Tüm tavuk bittiğinde, et suyu karışımını tavaya ekleyin. Isıyı yükseltin ve tavayı kazıyarak sos hafifçe koyulaşana kadar pişirin. Maydanozu karıştırın. Tavuk parçalarını tavaya geri koyun ve sosta bir veya iki kez çevirin. Hemen limon dilimleri ile servis yapın.

Fesleğenli ve Limonlu Tavuk Pirzola

Scaloppine di Pollo al Basilico ve Limone

4 porsiyon yapar

İtalyanlar, "Birlikte büyüyen birlikte büyür" derler ve bu kesinlikle limon ve fesleğen için geçerlidir. Napoli açıklarındaki Capri adasındaki çok güzel Hotel Quisisana'da bu zarif ama hızlı ve kolay yemeği yedim. Tereyağlı ıspanak veya kuşkonmaz ve Campania bölgesinden lezzetli bir beyaz şarap olan bir şişe falanghina ile servis yapın.

11⁄4 pound ince dilimlenmiş tavuk veya hindi pirzola

Tuz ve taze çekilmiş karabiber

3 yemek kaşığı tuzsuz tereyağı

1 yemek kaşığı zeytinyağı

2 yemek kaşığı taze limon suyu

12 taze fesleğen yaprağı, üst üste dizilmiş ve ince şeritler halinde kesilmiş

1. Tavuk dilimlerini iki streç film arasına yerleştirin. Dilimleri yaklaşık 1/4 inç kalınlığa kadar hafifçe dövün. Tavuğu tuz ve karabiberle iyice serpin.

2. Büyük bir ağır tavada, 2 yemek kaşığı tereyağını sıvı yağ ile eritin. Tereyağı eriyince el değmeden sığabileceği kadar tavuk parçasını ilave edin. Tavuğu kızarana kadar yaklaşık 4 dakika pişirin. Tavuğu çevirin ve diğer tarafını yaklaşık 3 dakika daha kızartın. Parçaları bir tabağa aktarın. Gerekirse kalan tavukla tekrarlayın.

3. Tavayı ocaktan alın. Kalan tereyağını, limon suyunu ve fesleğeni tavaya ekleyin ve tereyağını eritmek için hafifçe döndürün. Tavuk parçalarını tavaya geri koyun ve ısının üzerine koyun. Tavuk parçalarını sosta bir veya iki kez çevirin. Hemen servis yapın.

Adaçayı ve Bezelye ile Tavuk Pirzola

Scaloppine di Pollo al Piselli

4 porsiyon yapar

Burada adaçayı ve bezelye ile evli tavuk pirzola ve tadı kadar harika görünüyor. Dondurulmuş bezelye kullanıyorsanız ve kısmen çözmek için vaktiniz yoksa, bezelyeleri 1 dakika kaynar suya bırakın veya durulayın veya çok sıcak suda ıslatın. Devam etmeden önce onları iyice boşaltın.

1 1/4 pound ince dilimlenmiş tavuk pirzola

Tuz ve taze çekilmiş karabiber

2 yemek kaşığı tuzsuz tereyağı

2 yemek kaşığı zeytinyağı

12 taze adaçayı yaprağı

2 su bardağı kabuklu taze bezelye veya kısmen çözülmüş dondurulmuş bezelye

1 ila 2 yemek kaşığı taze limon suyu

1. Tavuk dilimlerini iki streç film arasına yerleştirin. Dilimleri yaklaşık 1/4 inç kalınlığa kadar hafifçe dövün. Tavuğu tuz ve karabiberle iyice serpin.

2. Büyük bir tavada, orta ateşte zeytinyağı ile tereyağını eritin. Tavuğu kurulayın. Tavuğu ve adaçayı tavaya ekleyin. Tavuğu kızarana kadar yaklaşık 4 dakika pişirin. Parçaları maşa ile çevirin ve diğer tarafını yaklaşık 3 dakika daha kızartın. Parçaları bir tabağa aktarın.

3. Bezelye ve limon suyunu tavaya ekleyin ve iyice karıştırın. Tatmak için tuz ve karabiber ekleyin. Örtün ve 5 dakika veya bezelye neredeyse yumuşayana kadar pişirin.

4. Tavuk parçalarını tavaya geri koyun ve iyice ısınana kadar bir veya iki kez çevirerek pişirin. Sıcak servis yapın.

Gorgonzola ve Cevizli Tavuk

Petti di Pollo ve Gorgonzola

4 porsiyon yapar

Gorgonzola, Lombardiya bölgesinden kremalı bir inek sütü mavi peyniridir. Peynir, yenilebilir bir penisilin kalıbının mavi-yeşil damarları ile kremsi beyazdır. Gorgonzola çok güzel eriyor ve bu bölgedeki aşçılar onu makarna ve et sosları yapmak için kullanıyor. Burada pirzola için lezzetli bir sos oluşturur. Üzerine kıyılmış ceviz serpilmesi yemeğe ekstra bir çıtırlık verir. Tavuğu sotelenmiş mantar ve taze brokoli ile servis edin.

1 1/4 pound ince dilimlenmiş tavuk pirzola

1/2 su bardağı çok amaçlı un

Tuz ve taze çekilmiş karabiber

2 yemek kaşığı tuzsuz tereyağı

1 yemek kaşığı zeytinyağı

1/4 su bardağı ince kıyılmış arpacık

1/2 su bardağı sek beyaz şarap

4 ons gorgonzola, kabuğu çıkarıldı

2 yemek kaşığı ceviz, kaba kıyılmış ve kızartılmış

1. Tavuk dilimlerini iki streç film arasına yerleştirin. Dilimleri yaklaşık 1/4 inç kalınlığa kadar hafifçe dövün. Bir parça yağlı kağıt üzerinde, tatmak için un ile tuzu ve karabiberi birleştirin. Tavuk pirzolaları bu karışıma bulayın. Fazlalığı gidermek için çalkalayın.

2. Orta ateşte büyük bir tavada, tereyağını sıvı yağ ile eritin. Tavuğu ekleyin ve kızarana kadar yaklaşık 4 dakika pişirin. Parçaları maşa ile çevirin ve diğer tarafını yaklaşık 3 dakika daha kızartın. Tavuğu bir tabağa alın ve sıcak tutun.

3. Arpacıkları tavaya ekleyin ve 1 dakika pişirin. Şarabı ilave edin ve hafifçe kalınlaşana kadar yaklaşık 1 dakika tencerenin altını kazıyarak pişirin. Isıyı düşük seviyeye indirin. Tavuk parçalarını tavaya geri koyun ve sosta bir veya iki kez çevirin.

4. Peyniri dilimler halinde kesin ve tavuğun üzerine koyun. Örtün ve hafifçe eriyene kadar 1 ila 2 dakika pişirin.

5. Ceviz serpin ve hemen servis yapın.

Salatalı Tavuk Pirzola

Scaloppine di Pollo a l'Insalata

4 porsiyon yapar

New York'ta Dal Barone adlı favori bir restoranda, ekmek kırıntılarında kızartılmış büyük tavuk pirzolaları ve çıtır salata tepesi orecchie di elefante, "fil kulağı" olarak adlandırılıyordu. Restoran birkaç yıl önce kapanmış olsa da, hala onların tavuk pirzola versiyonunu yapıyorum. Tatlı olarak olgun armut ve peynirle servis yapın.

1 1⁄4 pound ince dilimlenmiş tavuk pirzola

2 büyük yumurta

1⁄2 su bardağı taze rendelenmiş Parmigiano-Reggiano

2 yemek kaşığı kıyılmış taze düz yapraklı maydanoz

Tuz ve taze çekilmiş karabiber

1 ila 2 yemek kaşığı çok amaçlı un

1⁄4 su bardağı zeytinyağı

salata

2 yemek kaşığı sızma zeytinyağı

1 ila 2 yemek kaşığı balzamik sirke

Tuz ve taze çekilmiş karabiber

4 su bardağı karışık salata yeşillikleri, lokma büyüklüğünde parçalara ayrılmış

¼ su bardağı ince dilimlenmiş kırmızı soğan

1 orta boy olgun domates, doğranmış

1. Tavuk pirzolalarını iki streç film arasına yerleştirin. Pirzolaları 1/4 inç kalınlığa kadar hafifçe dövün.

2. Orta boy bir kapta, yumurtaları peynir, maydanoz, tuz ve karabiberle tatlandırın. Tavuğu kaplamaya yetecek kadar kalın pürüzsüz bir macun yapmak için yeterli unu çırpın. Bir tabak veya tepsiyi kağıt havlularla kaplayın.

3. Orta ateşte büyük bir tavada, eklendiğinde yumurta karışımından bir damla cızırdayana kadar 1/4 fincan zeytinyağını ısıtın.

4. Pirzolaları iyice kaplanana kadar yumurta karışımına batırın. Tek bir katmana rahatça sığacak kadar pirzolayı tavaya yerleştirin. Kızarana kadar yaklaşık 4 dakika pişirin. Tavuğu maşayla çevirin ve diğer tarafını yaklaşık 3 dakika daha kızartın.

Kağıt havluların üzerine boşaltın. Bir tabağa aktarın, folyo ile örtün ve sıcak tutun. Kalan pirzolaları da aynı şekilde pişirin.

5.Büyük bir kapta 2 yemek kaşığı zeytinyağını, sirkeyi ve tadına bakmak için tuz ve karabiberi çırpın. Salata malzemelerini ekleyip güzelce yoğurun.

6.Pirzolaları salata ile doldurun ve hemen servis yapın.

Hamsi Soslu Tavuk Ruloları

Acciughe ile Salsa Salsa

4 porsiyon yapar

Hamsi, bu kolay tavuk rulolarında sosa lezzetli bir tat verir. Hamsi kullanmak istemiyorsanız, biraz kıyılmış kapari kullanın.

¼ su bardağı tuzsuz tereyağı

4 hamsi filetosu, süzülmüş ve doğranmış

1 yemek kaşığı kıyılmış taze düz yapraklı maydanoz

¼ çay kaşığı taze rendelenmiş limon kabuğu rendesi

8 adet ince dilimlenmiş tavuk pirzola

Taze çekilmiş karabiber

8 ince dilim ithal İtalyan prosciutto

1. Fırının ortasına bir raf yerleştirin. Fırını 400 ° F'ye önceden ısıtın. Küçük bir tavayı yağlayın.

2. Küçük bir tencerede, hamsi ile tereyağını orta ateşte eritin, hamsileri bir kaşığın arkasıyla ezin. Maydanoz ve limon kabuğu rendesini katıp karıştırın. Sosu bir kenara koyun.

3. Tavuk dilimlerini iki streç film arasına yerleştirin. Dilimleri yaklaşık 1/4 inç kalınlığa kadar hafifçe dövün. Tavuk dilimlerini düz bir zemine yayın. Biber serpin. Her dilime bir parça prosciutto yerleştirin. Dilimleri uzunlamasına sarın. Ruloları, dikiş tarafı aşağı bakacak şekilde tavaya yerleştirin.

4. Sosu tavukların üzerine gezdirin. 20 ila 25 dakika veya tavuğun en kalın kısmından kesildiğinde meyve suları berraklaşana kadar pişirin. Sıcak servis yapın.

Kırmızı Şarapta Tavuk Ruloları

Rollatini di Pollo al Vino Rosso

4 porsiyon yapar

Kırmızı şarap, Toskana'dan gelen bu tavuk göğsü rulolarını koyu bir bordoya boyar ve lezzetli bir sos yapar. Sarımsak, otlar ve ince jambon dilimleri tipik dolgudur. Parma'dan gelen prosciutto çok iyi ve Amerika Birleşik Devletleri'nde en iyi bilinen çeşit olmasına rağmen, Friuli'den prosciutto San Daniele gibi Parma bölgesi dışından diğer türler artık mevcut ve ince bir şekilde farklı olsalar da eşit derecede iyi.

En önemli şey prosciutto için iyi bir kaynak bulmaktır. Tezgâhtarlar eti parçalamadan çok ince dilimlemeyi ve dilimleri birbirine yapışmayacak şekilde yağlı kağıt üzerine dikkatlice dizmeyi bilmelidir.

1 yemek kaşığı kıyılmış taze biberiye

1 yemek kaşığı kıyılmış taze adaçayı

1 diş sarımsak, çok ince kıyılmış

8 adet ince dilimlenmiş tavuk pirzola

Tuz ve taze çekilmiş karabiber

8 dilim ithal İtalyan prosciutto

2 yemek kaşığı zeytinyağı

1 su bardağı kuru kırmızı şarap

1. Küçük bir kapta biberiye, adaçayı ve sarımsağı birleştirin.

2. Köfteleri düz bir zemine yayın. Tat vermek için bitki karışımı ve tuz ve karabiber serpin. Üzerine bir dilim salam koyun. Köfteleri uzunlamasına rulo yapıp mutfak ipi ile bağlayın.

3. Büyük bir tavada, yağı orta ateşte ısıtın. Tavuğu ekleyin ve parçaları maşayla sık sık çevirerek her tarafı kızarana kadar yaklaşık 10 dakika pişirin.

4. Şarabı ekleyin ve parçaları ara sıra çevirerek, tavuk tamamen pişene ve en kalın kısmından kesildiğinde suları berraklaşana kadar yaklaşık 15 dakika pişirin.

5. Tavuk dönerleri servis tabağına alın. Üzerlerine sosu dökün ve hemen servis yapın.

TAVUK PARÇALARI

"Şeytan" Tavuğu

Pollo alla Diavola

4 porsiyon yapar

Minik sıcak kırmızı biberlere bazı bölgelerde peperoncini "küçük biber", diğerlerinde ise diavolicchi "küçük şeytanlar" denir. Ezilmiş kırmızı biberin varlığı, bu tavuğun Toskana adını açıklar.

Bu yemek için doğranmış tavuk parçaları kullanmayı seviyorum. Bu şekilde, bacakları ve kalçaları, daha hassas kanatlar ve göğüslerden biraz daha uzun süre pişirebilirim.

1 tavuk (yaklaşık 3 pound), 8 parçaya bölünmüş

1/3 su bardağı taze sıkılmış limon suyu

1/4 su bardağı zeytinyağı

Cömert bir tutam ezilmiş kırmızı biber

Tuz

1. Bir şef bıçağı veya kümes hayvanı makası ile tavuktan kanat uçlarını çıkarın.

2. Büyük, sığ bir tabakta, tatmak için limon suyu, yağ, kırmızı biber ve tuzu birleştirin. Tavuk parçalarını ekleyin. Örtün ve parçaları ara sıra çevirerek oda sıcaklığında 1 saat marine edin.

3. Isı kaynağından yaklaşık 5 inç uzağa bir ızgara rafı veya ızgara tavası yerleştirin. Izgarayı veya ızgarayı önceden ısıtın.

4. Pişirmeye hazır olduğunuzda tavuğu marinadan çıkarın ve kurulayın. Tavuğu deri tarafı ısı kaynağına gelecek şekilde yerleştirin. Izgara veya kavurma, ara sıra turşuyla, güzelce kızarana kadar, yaklaşık 10 ila 15 dakika. Tavuğu çevirin ve butun en kalın yerinden bıçakla delindiğinde tavuk suları berraklaşana kadar yaklaşık 10-15 dakika daha pişirin. Sıcak servis yapın.

Çıtır Kızarmış Tavuk

Pollo Rosolato

4 porsiyon yapar

Gevrek galeta unu ve peynir kaplamalı tavuk, yeni pişirildiğinde ve sıcakken harika bir tada sahiptir, ancak ertesi gün soğuk olarak servis edilmesi de iyidir. Bu tavukla bir İtalyan pikniği planlayın, <u>Tatlı ve Ekşi Patates</u>, <u>Yeşil Fasulye Salatası</u> ve dilimlenmiş domates.

1 tavuk (yaklaşık 3 1/2 pound), servis parçalarına ayrılmış

Tuz ve taze çekilmiş karabiber

1/2 su bardağı sade kuru ekmek kırıntısı

2 yemek kaşığı taze rendelenmiş Parmigiano-Reggiano

1 büyük diş sarımsak, ince kıyılmış

1/2 çay kaşığı kurutulmuş kekik, ufalanmış

Yaklaşık 2 yemek kaşığı zeytinyağı

1. Isı kaynağından yaklaşık 5 inç uzağa bir piliç rafı yerleştirin. Broyleri önceden ısıtın.

2. Tavuğu kurulayın. Tuz ve karabiber serpin. Tavuğu derili tarafı alta gelecek şekilde rafa yerleştirin. Tavuğu hafifçe kızarana kadar yaklaşık 10 dakika kızartın. Tavuğu çevirin ve 10 dakika daha pişirin.

3. Tavuk pişerken, orta boy bir kapta ekmek kırıntılarını, peyniri, sarımsağı, kekik ve tuzu ve biberi tatmak için birleştirin. Kalın bir macun yapmak için yeterince yağ ekleyin.

4. Izgara tavasını ızgaradan çıkarın. Fırın ısısını 350 ° F'ye ayarlayın.

5. Tavuğun deri tarafını galeta unu karışımıyla kaplayın ve yapışması için hafifçe vurun. Tavayı fırının orta rafına yerleştirin ve tavuğun en kalın kısmından bıçakla delinip kabuk güzelce kızarana kadar suları berraklaşana kadar yaklaşık 10 ila 15 dakika daha pişirin. Sıcak veya oda sıcaklığında servis yapın.

Marine edilmiş ızgara tavuk

Pollo alla Griglia

4 porsiyon yapar

Sirke, sarımsak ve otlar - babamın ailesinin geldiği Napoli bölgesinin tipik malzemeleri - mangalda ne pişiriyorsa onun turşusuna her zaman dahil edilirdi. Genellikle bitki, evde yetiştirilen taze veya kurutulmuş nane idi, ancak bazen taze maydanoz veya kurutulmuş kekik kullanıyordu. Tavukta, lüferde, biftekte kullandı ve sonuç hep lezzetli oldu.

Sirkenin içindeki asit, temas ettiği protein açısından zengin herhangi bir yiyeceği gerçekten "pişirebileceğinden", yumuşak balıkları 30 dakikadan fazla marine etmeyin. Tavuk ve sığır eti daha uzun süre marine edilebilir ve bu süre zarfında marine lezzetinden daha fazlasını alır.

½ su bardağı kırmızı şarap sirkesi

2 büyük diş sarımsak, kıyılmış

2 yemek kaşığı kıyılmış taze nane veya düz yapraklı maydanoz veya 1 çay kaşığı kuru kekik, ufalanmış

Tuz ve taze çekilmiş karabiber

1 tavuk (yaklaşık 3 1/2 pound), 8 parçaya bölünmüş

1. Tepkimeye girmeyen sığ bir tabakta, tatmak için sirke, sarımsak, bitki ve tuz ve biberi birlikte çırpın. Tavuk parçalarını ekleyin. Örtün ve bir geceye kadar birkaç saat buzdolabında saklayın.

2. Isı kaynağından yaklaşık 5 inç uzağa bir barbekü ızgarası veya piliç rafı yerleştirin. Izgarayı veya ızgarayı önceden ısıtın.

3. Tavuğu marinattan çıkarın. Tavuğu kurulayın. Tavuğu deri tarafı ısı kaynağına gelecek şekilde yerleştirin. 12 ila 15 dakika veya güzelce kızarana kadar ızgara yapın veya kızartın. Tavuğu çevirin ve 10 ila 15 dakika daha veya tavuk budu en kalın yerinden bıçakla delindiğinde tavuk suları berraklaşana kadar pişirin. Sıcak veya oda sıcaklığında servis yapın.

Patates ve Limonlu Fırında Tavuk

Pollo al Forno con Patate e Limone

4 porsiyon yapar

Capri adasındaki en sevdiğim restoranlardan biri limon bahçesinin içinde yer alan Da Paolino. Bir akşam kocam ve ben, mum ışığında sessiz bir akşam yemeğinin tadını çıkarırken, aniden üstümüzdeki ağaçtan olgun ve şişman bir limon bir bardağa düşerek masanın her yerine su sıçradı.

Bu limonlu tavuğu her yaptığımda bu olayı düşünüyorum. Turunçgillerin bol olduğu güney İtalya'nın her yerinde yapılan tipik bir ev yemeğidir.

2 orta boy limon

1 yemek kaşığı zeytinyağı

1 yemek kaşığı kıyılmış biberiye

2 diş sarımsak, kıyılmış

Tuz ve taze çekilmiş karabiber

8 servis parçasına bölünmüş 1 tavuk (yaklaşık 3 1/2 pound)

1 pound çok amaçlı patates, soyulmuş ve sekize bölünmüş

1. Fırının ortasına bir raf yerleştirin. Fırını 450 ° F'ye önceden ısıtın. Tüm malzemeleri tek bir katmanda tutacak kadar büyük bir fırın tepsisini yağlayın.

2. Bir limonu ince dilimler halinde kesin. Kalan limonun suyunu orta boy bir kaseye sıkın.

3. Kaseye yağı, biberiyeyi, sarımsağı ve tuzu ve karabiberi ekleyin ve birleşene kadar çırpın.

4. Tavuk parçalarını durulayın ve kurulayın. Tavuğu tavaya yerleştirin. Limon suyu karışımını tavuğun üzerine dökün ve parçaları her tarafı kaplayacak şekilde çevirin. Tavuk parçalarını derili tarafı yukarı gelecek şekilde düzenleyin. Patatesleri ve limon dilimlerini tavuğun etrafına dizin.

5. Tavuğu 45 dakika pişirin. Pan suları ile yağlayın. Ara sıra, 15 dakika daha veya tavuk kızarana ve patatesler yumuşayana kadar pişirmeye devam edin.

6. Tencerenin içindekileri servis tabağına aktarın. Suyu tavukların üzerine gezdirip servis yapın.

Country Usulü Tavuk ve Sebzeler

Pollo alla Paesana

4 porsiyon yapar

Birkaç yıl önce, Parmigiano-Reggiano'nun nasıl üretildiğini öğrenmek için Emilia-Romagna'yı ziyaret ettim. Sahibinin bana her gün peynirin nasıl yapıldığını gösterdiği bir mandırayı ziyaret ettim. Bir tur ve peynir yapımı dersinin ardından ev sahibim beni öğle yemeği için ailesi ve iş arkadaşlarına katılmaya davet etti. Büyük çiftlik evinin mutfağına girdiğimizde, karısı fırından büyük tavuk ve sebze tavalarını çıkarıyordu. Ev yapımı salam ve bölgenin tipik yengeç biçimli beyaz ekmeği olan coppia - "çift" ekmeği - bir araya getirilmiş iki bölümden yapıldığı için kemirdik. Tatlı, olabildiğince basitti, olgun sulu armut dilimleri ve nemli, yaşlı Parmigiano.

Bu yemek için tüm tavuk ve sebzeleri tek bir katmanda tutacak kadar büyük bir fırın tepsisi gereklidir, aksi takdirde malzemeler buharlaşacak ve düzgün şekilde kızarmayacaktır. Yeterince büyük tavanız yoksa, malzemeleri aralarında eşit olarak bölüştürerek iki küçük tava kullanın.

Bu yemeği mevsim sebzelerine ve elinizde olanlara göre çeşitlendirin. Kesilmiş şalgam, kabak veya biber eklenebilir veya bir avuç çeri domatesi deneyebilirsiniz.

½ ila 1 bardak ev yapımı Tavuk suyu veya mağazadan satın alınmış

4 büyük diş sarımsak, ince kıyılmış

2 yemek kaşığı kıyılmış taze düz yapraklı maydanoz

2 yemek kaşığı kıyılmış taze biberiye

¼ su bardağı zeytinyağı

Tuz ve taze çekilmiş karabiber

1 (10 ons) paket beyaz mantar, büyükse yarıya veya dörde bölünmüş

6 orta boy haşlanmış patates, soyulmuş ve sekize bölünmüş

2 orta boy havuç, 1 inçlik parçalar halinde kesin

1 orta boy soğan, sekize bölünmüş

1 tavuk (yaklaşık 3½ pound), 8 parçaya bölünmüş

1. Gerekirse tavuk suyunu hazırlayın. Fırının ortasına bir raf yerleştirin. Fırını 450 ° F'ye önceden ısıtın. Tüm malzemeleri tek

bir katmanda tutacak kadar büyük bir fırın tepsisi seçin veya iki tepsi kullanın. Tavayı veya tavaları yağlayın.

2. Sarımsak, maydanoz ve biberiyeyi küçük bir kaseye koyun ve yağ ile karıştırın. Tatmak için tuz ve karabiber ekleyin.

3. Tavaya mantarları, patatesleri, havuçları ve soğanları yayın. Ot karışımının yarısını ekleyin ve iyice atın. Kalan bitki karışımını tavuk parçalarının üzerine fırçalayın. Tavuğu derisi yukarı gelecek şekilde tavaya yerleştirin ve sebzeleri etraflarına yerleştirin.

4. 45 dakika pişirin. Tavuğu tava suyuyla yağlayın. Tavuk kuru görünüyorsa, biraz tavuk suyu ekleyin. Fırında pişirmeye devam edin, ara sıra, 15 dakika daha veya tavuk suları bir bıçakla uyluğun en kalın kısmına delindiğinde ve patatesler yumuşadığında berraklaşana kadar. Tavuk yeterince kahverengi değilse, tavaları piliç altında 5 dakika veya derisi kızarana ve gevrekleşene kadar çalıştırın.

5. Tavukları ve sebzeleri servis tabağına alın. Tavayı devirin ve yağını büyük bir kaşıkla alın. Tavayı orta ateşte yerleştirin. Yaklaşık 1/2 bardak tavuk suyu ekleyin ve tavanın altını kazıyın. Meyve sularını kaynama noktasına getirin ve hafifçe azalana kadar yaklaşık 5 dakika pişirin.

6. Suyu tavuk ve sebzelerin üzerine dökün ve hemen servis yapın.

Limonlu ve Beyaz Şaraplı Tavuk

Pollo allo Scarpariello I

4 porsiyon yapar

Scarpariello *"kunduracı stili"* anlamına gelir ve bu tarifin adının nereden geldiğine dair birçok teori vardır. Bazıları, küçük kıyılmış sarımsak parçalarının bir ayakkabıdaki tırnak uçlarına benzediğini söylerken, diğerleri bunun meşgul bir ayakkabıcının bir araya getirdiği hızlı bir yemek olduğunu söylüyor. Büyük olasılıkla, akıllı bir restoran işletmecisi tarafından bir İtalyan adı verilen bir İtalyan-Amerikan icadıdır.

Bu yemeğin birçok çeşidi var ve tattığım her biri çok lezzetliydi. Tipik olarak tavuk, spezzare'den "doğramak için" spezzatino olarak bilinen küçük parçalar halinde doğranır, böylece parçalar lezzetli sosu daha fazla emebilir. Bunu evde balta veya ağır bir bıçakla yapabilir veya tavuğu sizin için kasabın hazırlamasını sağlayabilirsiniz. İsterseniz, tavuğu eklem yerlerinden porsiyon büyüklüğünde parçalar halinde kesebilirsiniz.

1 tavuk (yaklaşık 3 1/2 pound)

Tuz ve taze çekilmiş karabiber

3 yemek kaşığı zeytinyağı

2 yemek kaşığı tuzsuz tereyağı

3 büyük diş sarımsak, ince kıyılmış

3 yemek kaşığı taze limon suyu

¾ su bardağı sek beyaz şarap

¼ su bardağı kıyılmış taze düz yapraklı maydanoz

1. Tavuk kanadı uçlarını ve kuyruğunu kesin. Onları başka bir kullanım için bir kenara koyun. Büyük, ağır bir bıçak veya balta ile tavuğu eklem yerlerinden kesin. Göğüsleri, uylukları ve bacakları 2 inçlik parçalar halinde kesin. Parçaları durulayın ve kurulayın. Her yerine tuz ve karabiber serpin.

2. Yağı 12 inçlik bir tavada orta-yüksek ateşte ısıtın. Tavuk parçalarını tek bir katmana ekleyin. Parçaları ara sıra çevirerek güzelce kızarana kadar yaklaşık 15 ila 20 dakika pişirin.

3. Isıyı ortama indirin. Yağı kaşıklayın. Tereyağını tavaya alın ve eriyince salçayı ilave edin. Tavuk parçalarını tereyağında çevirin ve limon suyunu ekleyin.

4. Şarabı ekleyin ve kaynatın. Örtün ve parçaları ara sıra çevirerek, budunun en kalın yerinden bıçakla delinip tavuk suları berraklaşana kadar yaklaşık 10 dakika pişirin.

5. Çok fazla sıvı kalırsa tavuğu servis tabağına alın ve sıcak tutun. Isıyı yükseğe çevirin ve sıvı azalana ve hafifçe koyulaşana kadar kaynatın. Maydanozu ekleyip tavukların üzerine gezdirin.

Sosisli ve Biber Turşulu Tavuk

Pollo allo Scarpariello II

6 porsiyon yapar

Chicken Scarpariello, muhtemelen 2. Dünya Savaşı'ndan önce, bu ülkeye birçok İtalyan göçmen Küçük İtalya olarak bilinen büyük şehir mahallelerinde restoran açtığında burada popüler oldu. Çok azı profesyonel aşçıydı ve sundukları yemeklerin çoğu, bu ülkede buldukları bol miktarda malzemeyle zenginleştirilmiş ev yemeklerine dayanıyordu.

İşte kunduracı usulü tavuğun ikinci versiyonu. Sosis, sirke ve biber turşusu ile diğerlerinden tamamen farklıdır.<u>Limonlu ve Beyaz Şaraplı Tavuk</u>*yemek tarifi. Ve başka birçok versiyon da var. Kökeni ne olursa olsun, tavuk scarpariello lezzetli ve tatmin edicidir.*

¼ fincan ev yapımı<u>Tavuk suyu</u>veya mağazadan satın alınmış

1 tavuk (yaklaşık 3½ pound)

1 yemek kaşığı zeytinyağı

1 inçlik parçalar halinde kesilmiş 1 pound İtalyan usulü domuz sosisi

Tuz ve taze çekilmiş karabiber

6 büyük diş sarımsak, ince dilimlenmiş

1 su bardağı kavrulmuş tatlı biber turşusu, lokma büyüklüğünde parçalar halinde kesilmiş

¼ bardak biber turşusu sıvısı veya beyaz şarap sirkesi

1. Gerekirse tavuk suyunu hazırlayın. Tavuk kanadı uçlarını ve kuyruğunu kesin. Onları başka bir kullanım için bir kenara koyun. Büyük, ağır bir bıçak veya balta ile tavuğu eklem yerlerinden kesin. Göğüsleri, uylukları ve bacakları 2 inçlik parçalar halinde kesin. Parçaları durulayın ve iyice kurulayın.

2. Yağı, tüm malzemeleri tutacak kadar büyük bir tavada orta yüksek ateşte ısıtın. Sosis parçalarını ekleyin ve her tarafını yaklaşık 10 dakika iyice kızartın. Parçaları bir tabağa aktarın.

3. Tavuk parçalarını tavaya yerleştirin. Tuz ve karabiber serpin. Ara sıra karıştırarak altın rengi olana kadar yaklaşık 15 dakika pişirin. Sarımsağı tavuğun etrafına dağıtın ve 2 ila 3 dakika daha pişirin.

4. Tavayı devirin ve yağın çoğunu kaşıkla alın. Sosisleri, et suyunu, biberleri ve biber sıvısını veya sirkeyi ekleyin. Isıyı yükseğe çevirin. Parçaları sık sık karıştırarak ve sıvı ile bastırarak, sıvı

azalana ve hafif bir sır oluşturana kadar yaklaşık 15 dakika pişirin. Hemen servis yapın.

Kereviz, Kapari ve Biberiyeli Tavuk

Pollo alla Cacciatora Siciliana

4 porsiyon yapar

Bu, "avcının karısının" tavuğu olan alla cacciatora'nın Sicilya versiyonu. Kereviz, sosu biraz gevrekleştiren hoş bir dokunuş. Sicilyalılar bunu genellikle tavşanla yaparlar.

2 yemek kaşığı zeytinyağı

1 tavuk (yaklaşık 3 1/2 pound), 8 parçaya bölünmüş

Tuz ve taze çekilmiş karabiber

1/3 bardak kırmızı şarap sirkesi

1/2 su bardağı kıyılmış kereviz

1/4 su bardağı kapari, durulanmış ve doğranmış

1 dal taze biberiye

1. Yağı büyük bir tavada orta ateşte ısıtın. Tavuğu kağıt havlularla kurulayın. Tavuk parçalarını ve tatmak için tuz ve karabiber ekleyin. Parçaları ara sıra çevirerek altın rengi olana kadar yaklaşık 15 dakika pişirin. Tavayı devirin ve yağı kaşıkla alın.

2. Sirkeyi tavuğun üzerine dökün ve kaynatın. Tavuğun etrafına kereviz, kapari ve biberiye serpiştirin.

3. Örtün ve parçaları ara sıra çevirerek yaklaşık 20 dakika veya tavuk yumuşayana ve sirkenin çoğu buharlaşana kadar pişirin. Pişme sonunda çok fazla sıvı kalmışsa tavuk parçalarını servis tabağına alın. Isıyı yükseltin ve sıvıyı azalana kadar kaynatın.

4. Tavuğu bir tabağa aktarın. Tavayı devirin ve yağını büyük bir kaşıkla alın. Biraz su ilave edip tahta kaşıkla tencerenin dibini sıyırın. Suyu tavuğun üzerine dökün ve hemen servis yapın.

Roma Usulü Tavuk

Pollo alla Romana

4 porsiyon yapar

Mercanköşk, Roma mutfağında sıklıkla kullanılan bir bitkidir. Kekik gibi bir tadı var ama çok daha narin. Mercanköşkünüz yoksa, yerine bir tutam kekik veya kekik koyun. Bazı Romalı aşçılar, tavuk pişmeden hemen önce tavaya zeytinyağında sotelenmiş tatlı biberleri ekleyerek bu yemeği süslüyorlar.

2 ons kalın dilimlenmiş pancetta, doğranmış

2 yemek kaşığı zeytinyağı

1 tavuk, yaklaşık 3 1/2 pound, 8 parçaya bölünmüş

Tuz ve taze çekilmiş karabiber

2 diş sarımsak, ince kıyılmış

1 çay kaşığı kurutulmuş mercanköşk

1/2 su bardağı sek beyaz şarap

2 su bardağı soyulmuş, tohumlanmış ve doğranmış domates veya doğranmış konserve domates

1. Orta ateşte büyük bir tavada, pancetta'yı zeytinyağında altın rengi kahverengi olana kadar yaklaşık 10 dakika pişirin.

2. Tavuğu kağıt havlularla kurulayın. Tavuğu tavaya ekleyin ve tatmak için tuz ve karabiber serpin. Parçaların her tarafı kızarana kadar ara sıra çevirerek yaklaşık 15 dakika pişirin.

3. Tavayı devirin ve fazla yağı büyük bir kaşıkla alın. Tavuğu sarımsak ve mercanköşk serpin. Şarabı ekleyin ve 1 dakika pişirin. Domatesleri katıp kaynamaya bırakın. Ara sıra karıştırarak, tavuğun en kalın kısmından kesildiğinde suyu berraklaşana kadar 20 ila 30 dakika pişirin. Sıcak servis yapın.

Sirke, Sarımsaklı ve Acı Biberli Tavuk

Pollo alla Nonna Spezzatino

4 porsiyon yapar

Büyükannem anneme bu basit baharatlı Napoliten usulü tavuğu yapmayı öğretti ve annem bana öğretti.

Bu tarif için balzamiko gibi tatlı bir sirke kullanmayı aklınıza bile getirmeyin. İyi bir şarap sirkesi otantik tadı verecektir. Çok keskin olmayacak; yemek pişirmek sirkeyi yumuşatır ve tüm tatlar güzelce dengelenir.

1 tavuk (yaklaşık 3 1/2 pound)

2 yemek kaşığı zeytinyağı

Tuz

4 büyük diş sarımsak, ince kıyılmış

1/2 çay kaşığı ezilmiş kırmızı biber veya tadı

2/3 bardak kırmızı şarap sirkesi

1. Tavuk kanadı uçlarını ve kuyruğunu kesin. Büyük, ağır bir bıçak veya balta ile tavuğu eklem yerlerinden kesin. Göğüsleri,

uylukları ve bacakları 2 inçlik parçalar halinde kesin. Parçaları durulayın ve iyice kurulayın.

2.Tüm tavuğu tek bir katmanda tutacak kadar büyük bir tavada yağı orta ateşte ısıtın. Tavuk parçalarını ezmeden ekleyin. Bir tavaya rahatça sığamayacak kadar fazla tavuk varsa, tavuğu iki tava arasında bölün veya gruplar halinde pişirin.

3.Kızarana kadar ara sıra çevirerek yaklaşık 15 dakika pişirin. Tavuğun tamamı kızardığında, tavayı devirin ve yağın çoğunu kaşıkla alın. Tavuğu tuz serpin.

4.Sarımsağı ve ezilmiş kırmızı biberi tavuk parçalarının etrafına dağıtın. Sirkeyi ekleyin ve tencerenin dibindeki kahverengi parçaları bir tahta kaşıkla kazıyarak karıştırın. Tavuğu karıştırarak ve ara sıra bastırarak tavuk yumuşayana ve sıvı koyulaşıp azalana kadar 15 dakika pişirin. Çok kuru olursa, biraz ılık su ekleyin.

5.Tavuğu servis tabağına alın ve tavadaki suyu her yerine dökün. Sıcak servis yapın.

Toskana Kızarmış Tavuk

Pollo Fritto alla Toscana

4 porsiyon yapar

Toskana'da hem tavuk hem de tavşan, lezzetli bir hamurla kaplanan küçük parçalar halinde kesilir ve ardından derin yağda kızartılır. Çoğu zaman enginar dilimleri aynı anda kızartılır ve yanında servis edilir.

Toskanalılar bu tarif için parçalanmış bütün bir tavuk kullanırlar ama ben bazen sadece tavuk kanatlarıyla yaparım. Eşit şekilde pişerler ve herkes onları yemeyi sever.

1 tavuk (yaklaşık 3 1/2 pound) veya 8 ila 10 tavuk kanadı

3 büyük yumurta

2 yemek kaşığı taze limon suyu

Tuz ve taze çekilmiş karabiber

1 1/2 su bardağı çok amaçlı un

Kızartmak için bitkisel veya zeytinyağı

1 limon, dilimler halinde kesilmiş

1. Bütün bir tavuk kullanıyorsanız kanat uçlarını ve kuyruğunu kesin. Büyük, ağır bir bıçak veya balta ile tavuğu eklem yerlerinden kesin. Göğüsleri, uylukları ve bacakları 2 inçlik parçalar halinde kesin. Eklemlerdeki kanatları ayırın. Parçaları durulayın ve iyice kurulayın.

2. Büyük bir kapta yumurtaları, limon suyunu ve tadına bakmak için tuz ve karabiberi çırpın. Unu bir yağlı kağıt üzerine yayın. Bir tepsiyi veya tepsileri kağıt havlularla kaplayın. Fırını 300 ° F'ye ısıtın.

3. Tavuk parçalarını iyice kaplanana kadar yumurta karışımına karıştırın. Parçaları birer birer çıkarın ve un içinde yuvarlayın. Fazlalığa dokunun. Pişirmeye hazır olana kadar parçaları bir rafa yerleştirin.

4. Orta ateşte büyük bir derin tavada veya geniş bir tencerede yaklaşık 1 inç yağı ısıtın. Yumurta karışımının bir kısmını damlatarak yağın yeterince sıcak olup olmadığını test edin. 1 dakika içinde cızırdayıp kızardığında, tavaya topaklanmadan rahatça sığacak kadar tavuk parçasını ekleyin. Parçaları ara sıra maşayla çevirerek her tarafı çıtır çıtır ve kızarana ve tavuğun en kalın yerinden delindiğinde suyu berraklaşana kadar 15 ila 20 dakika kızartın. Parçalar bittiğinde, boşaltmak için kağıt

havlulara aktarın. Kalan tavuğu kızartırken kısık ateşte sıcak tutun.

5.Limon dilimleri ile sıcak servis yapın.

Prosciutto ve Baharatlı Tavuk

Pollo Speziato

4 porsiyon yapar

Bu sote tavuk yemeğini Marches bölgesindeyken yemiştim. Tavuk önce kızarmaz, ancak güzel bir şekilde renklenir. Baharatlar ve otlar, tavuğa canlı, karmaşık ve sıra dışı bir tat verir ve pişirmesi çok kolaydır.

1 tavuk (yaklaşık 3 1/2 pound), 8 parçaya bölünmüş

1/4 pound ithal İtalyan prosciutto tek parça halinde, dar şeritler halinde kesilmiş

6 bütün karanfil

2 dal taze biberiye

2 taze adaçayı yaprağı

2 defne yaprağı

1 diş sarımsak, ince dilimlenmiş

1/2 çay kaşığı bütün karabiber

Tuz

½ su bardağı sek beyaz şarap

1. Tavuk parçalarını derili tarafı aşağı gelecek şekilde büyük, ağır bir tavada düzenleyin. Tavuğun üzerine tatlandırmak için prosciutto, karanfil, biberiye, adaçayı, defne yaprağı, sarımsak, karabiber ve tuzu serpin. Şarabı ekleyin ve orta ateşte kaynamaya bırakın.

2. Tavayı örtün ve 20 dakika pişirin. Tavuk kuru görünüyorsa biraz su ekleyin. Tavuğu ara sıra tavada sıvı ile yağlayarak, 15 dakika daha veya tavuğun en kalın kısmına bıçakla delindiğinde suları berraklaşana kadar pişirin.

3. Örtün ve sıvı hafifçe azalana kadar kısaca pişirin. Defne yaprağını atın. Sıcak servis yapın.

Avcının Karısı Tarzında Tavuk

Pollo alla Cacciatora

4 porsiyon yapar

Sanırım alla cacciatora adında koca bir tavuk tarifleri kitabı yazabilirim. Adın bir açıklaması, tavuğun son 50 yıla kadar çoğu evde özel bir yemek olması ve her gün yenmemesidir. Ancak av mevsiminde, avcının karısı, kocasını avın zorluklarına karşı güçlendirmek için bir tavuk hazırlardı.

Bu yemeğin çok fazla çeşidi var. Güney İtalyanlar bunu domates, sarımsak ve biberle yaparlar. Emilia-Romagna'da soğan, havuç, kereviz, domates ve sek beyaz şarap bulunur. Friuli–Venezia Giulia'da mantarla yapılır. Cenevizliler bunu sadece domates ve yerel beyaz şarapla yaparlar. Bu Piyemonte versiyonu bir klasiktir.

2 yemek kaşığı zeytinyağı

1 tavuk (yaklaşık 3 1/2 pound), 8 parçaya bölünmüş

2 orta boy soğan, doğranmış

1 kereviz kaburga, kıyılmış

1 havuç, doğranmış

1 kırmızı dolmalık biber, ince dilimlenmiş

1 sarı dolmalık biber, ince dilimlenmiş

½ su bardağı sek beyaz şarap

4 adet soyulmuş, çekirdekleri çıkarılmış ve doğranmış olgun domates veya 2 su bardağı konserve domates

6 adet taze fesleğen yaprağı, parçalara ayrılmış

2 çay kaşığı kıyılmış taze biberiye

Tuz ve taze çekilmiş karabiber

1. Yağı büyük bir tavada orta ateşte ısıtın. Tavuk parçalarını durulayın ve kurulayın. Tavuğu pişirin, parçaları sık sık çevirerek her tarafı kızarana kadar yaklaşık 15 dakika. Tavuğu bir tabağa aktarın. Tavayı devirin ve yağın 2 yemek kaşığı hariç hepsini alın.

2. Tavaya soğan, kereviz, havuç ve biber ekleyin. Ara sıra karıştırarak sebzeler hafifçe kızarana kadar yaklaşık 15 dakika pişirin.

3. Tavuğu tavaya geri koyun. Şarabı ekleyin ve kaynatın. Tatmak için domates, fesleğen, biberiye ve tuz ve karabiberi karıştırın. Bir kaynamaya getirin ve tavuk parçalarını ara sıra çevirerek,

butun en kalın kısmından delindiğinde tavuk suları berraklaşana kadar yaklaşık 20 dakika pişirin. Sıcak servis yapın.

Porcini'li Tavuk

Pollo con Funghi Porcini

4 porsiyon yapar

Piedmont'ta otoyol dinlenme duraklarında ve otoparklarda derme çatma tezgahlarda taze toplanmış porcini mantarı satan insanları göreceksiniz. Porcini mevsimi kısa olduğu için, bu tombul yabani mantarlar, tüm baş döndürücü lezzetlerini ve aromalarını korumak için genellikle kurutulur. Ucuz değiller ama biraz uzun bir yol kat ediyor. Paketlenmiş kurutulmuş porcini, kendiniz için de dahil olmak üzere harika hediyelerdir. Kapalı bir kapta uzun süre saklanan dolu büyük çantalar alıyorum.

½ su bardağı kurutulmuş beyaz mantar

1 su bardağı ılık su

1 yemek kaşığı tuzsuz tereyağı

2 yemek kaşığı zeytinyağı

1 tavuk (yaklaşık 3½ pound), 8 parçaya bölünmüş

Tuz ve taze çekilmiş karabiber

1 su bardağı kuru beyaz şarap

1. Mantarları 30 dakika suda bekletin. Mantarları çıkarın ve sıvıyı ayırın. Toprağın biriktiği gövdelerin uçlarına özellikle dikkat ederek, herhangi bir kumu gidermek için mantarları soğuk akan su altında durulayın. Mantarları iri iri doğrayın. Mantar suyunu kağıt kahve filtresinden geçirerek bir kaseye süzün.

2. Büyük bir tavada, orta ateşte tereyağı ile yağı eritin. Tavuğu kurulayın ve parçaları tavaya yerleştirin. Tavuğu her taraftan yaklaşık 15 dakika iyice kızartın. Tuz ve karabiber serpin.

3. Tavayı devirin ve fazla yağını bir kaşıkla alın. Şarabı tavaya ekleyin ve kaynatın. Mantarları tavukların üzerine yayın. Mantar sıvısını tavaya dökün. Kısmen örtün ve parçaları ara sıra çevirerek, butun en kalın yerinden delindiğinde tavuk suları berraklaşana kadar yaklaşık 20 dakika pişirin.

4. Tavukları servis tabağına alın. Tavada çok fazla sıvı kalmışsa, ısıyı yükseltin ve azalıp koyulaşana kadar pişirin. Sosu tavuğun üzerine dökün ve hemen servis yapın.

zeytinli tavuk

Pollo al'Olive

Roma, İtalya'nın başkentidir ve hükümetin, dinin ve (daha az ölçüde) iş merkezi olarak önemi nedeniyle ülkenin her yerinden insanlar oraya çekilir. Şehirdeki restoranların birçoğu Romalı olmayanlar tarafından işletilmektedir ve yemekler bazen bölgesel tarzların birleşmesinin bir yansımasıdır. Bu tavuğu, şehrin gençleri arasında popüler olan tarihi merkezden Tiber'in karşısındaki bohem mahallesi Trastevere'de bir trattoria'da yedim. Tabaktaki sarımsak miktarına bakılırsa mutfakta güneyli bir el olduğundan şüphelendim ama kesin olarak öğrenemedim.

2 yemek kaşığı zeytinyağı

1 tavuk (yaklaşık 3 1/2 pound), 8 parçaya bölünmüş

Tuz ve taze çekilmiş karabiber

4 diş sarımsak, hafifçe ezilmiş

1/2 su bardağı sek beyaz şarap

2 yemek kaşığı beyaz şarap sirkesi

1 su bardağı Gaeta veya diğer hafif, lezzetli zeytin, çekirdeksiz ve iri kıyılmış

2 hamsi filetosu, doğranmış

1. Büyük bir tavada, yağı orta ateşte ısıtın. Tavuk parçalarını kurulayın ve tavaya koyun. Parçaları tuz ve karabiber serpin. Yaklaşık 10 dakika sonra tavuğun bir tarafı altın sarısı kahverengiye dönünce parçaları çevirin ve sarımsağı etraflarına serpiştirin. Güzelce kızarana kadar yaklaşık 10 dakika daha pişirin. Koyu kahverengi olursa sarımsakları çıkarın.

2. Şarap ve sirkeyi ekleyin ve kaynamaya bırakın. Zeytinleri ve hamsileri her tarafına dağıtın. Tavayı kısmen örtün ve ısıyı düşük seviyeye getirin. Parçaları ara sıra çevirerek, tavuk yumuşayana ve butun en kalın yerinden delindiğinde suları berraklaşana kadar yaklaşık 20 dakika pişirin.

3. Tavukları servis tabağına alın. Tavayı devirin ve yağını alın. Sosu tavukların üzerine gezdirin. Sıcak servis yapın.

Vin Santo ile Tavuk Ciğeri

Fegato di Pollo al Vin Santo

4 porsiyon yapar

Vin santo, trebbiano üzümlerinin çok konsantre bir şarap yapmak için preslenmeden önce hasır hasırlar üzerinde kısmen kurutulmasıyla yapılan bir Toskana tatlı şarabıdır. Şarap, güzel bir kehribar rengine dönene ve aromatik, fındıksı bir tat ve pürüzsüz bir doku geliştirene kadar sızdırmaz ahşap fıçılarda yıllandırılır. Yemekten sonra yudumlamak ya da kuruyemiş, sade kurabiye ya da pastaya eşlik etmek için mükemmel bir şaraptır. Vin santo yemek pişirmek için de kullanılır - bu durumda lezzetli tereyağlı soslu tavuk ciğeri ile.

Marsala, vin santo yerine kullanılabilir. Bu ciğerleri haşlanmış veya kızartılmış polenta veya kızarmış ekmek dilimleri üzerinde servis edin.

1 pound tavuk ciğeri

3 yemek kaşığı tuzsuz tereyağı

Tuz ve taze çekilmiş karabiber

1 çay kaşığı kıyılmış taze adaçayı yaprağı

4 ince dilim ithal İtalyan prosciutto, çapraz şeritler halinde kesilmiş

2 yemek kaşığı vin santo veya Marsala

2 yemek kaşığı kıyılmış taze düz yapraklı maydanoz

1. Tavuk ciğerlerini kesin, bağlantı liflerini keskin bir bıçakla kesin. Her karaciğeri 2 veya 3 parçaya bölün.

2. Büyük bir tavada, 2 yemek kaşığı tereyağını orta ateşte eritin. Ciğer parçalarını yıkayıp kurulayın ve tavaya ekleyin. Tuz ve karabiber serpin. Adaçayı ve salam ekleyin. Ciğer parçalarını sık sık çevirerek hafifçe kızarana kadar ortası hala pembe olana kadar yaklaşık 5 dakika pişirin. Ciğerleri oluklu kaşıkla bir tabağa aktarın.

3. Vin santo'yu tavaya ekleyin ve ısıyı yükseltin. Bir kaynamaya getirin ve 1 dakika veya hafifçe azalana kadar pişirin. Ateşten alın ve kalan tereyağı ve maydanozu karıştırın. Sosu karaciğerin üzerine dökün ve hemen servis yapın.

BÜTÜN TAVUK VE KAPON

Biberiyeli Kavrulmuş Tavuk

Pollo Arrosto

4 porsiyon yapar

1950'lerden önce, İtalyanların çoğu, devamsız zengin toprak sahiplerinin sahip olduğu çiftliklerde yaşıyor ve çalışıyordu. Yılın belirli zamanlarında, genellikle tatillerde, çiftçilerin toprak sahibine karlarının bir kısmını, genellikle hayvancılık, mahsul, buğday, şarap veya çiftlikte üretilen her ne ise şeklinde ödemeleri beklenirdi. Veneto'da, belirli öğeler geleneksel olarak belirli tatillerle ilişkilendirilirdi. Tavuklar, Lent'ten önce gelen Carnevale'de verildi. 29 Haziran Aziz Petrus bayramı için tavuklar, 1 Kasım Azizler Günü için kazlar verildi. Paskalya hediyesi olarak yumurta, 11 Kasım Aziz Martin Günü için de süt domuzu verildi. ortalama bir insan ve bugün bile bir yemeği bir fırsat gibi gösteriyor.

Tavuğu göğsü aşağı gelecek şekilde kızartmak, beyaz etin sulu kalmasına yardımcı olur ve kuşu eşit şekilde pişirir. En iyi lezzet için organik olarak yetiştirilmiş bir tavuk kullanın.

Bu, kızarmış tavuk tariflerinin en temel ve bence en iyisi. Tavuk, tüm süre boyunca düşük sıcaklıkta pişer. İsterseniz tavuğun etrafına biraz patates veya havuç veya soğan gibi diğer kök sebzeleri dağıtın.

1 tavuk (3 1⁄2 ila 4 pound)

2 diş sarımsak, ikiye bölünmüş

4 yemek kaşığı zeytinyağı

Tuz ve taze çekilmiş karabiber

2 veya 3 dal taze biberiye

1 limon, yarıya

1. Fırının ortasına bir raf yerleştirin. Fırını 350 ° F'ye ısıtın. Tavuğu tutacak kadar büyük bir kızartma tavasını yağlayın.

2. Tavuğu iyice durulayın ve kurulayın. Cildin her tarafını sarımsakla ovun. Yağ ile fırçalayın ve içini ve dışını tuz ve karabiber serpin. Sarımsak ve biberiyeyi tavuğun içine sokun. Tavukların üzerine limon suyunu sıkın. Limon yarımlarını tavuk boşluğunun içine yerleştirin. Bacakları mutfak ipi ile birbirine bağlayın. Tavuğu göğüs tarafı alta gelecek şekilde tavaya yerleştirin.

3. Tavuğu 30 dakika kızartın. Tavuğu biriken meyve suları ile yağlayın. 20 dakika daha kavurmaya devam edin. Tavuğun göğüs tarafını dikkatlice yukarı çevirin ve ara sıra teyelleyerek 30 dakika kızartın. Tavuk, but delindiğinde ve uyluğun en kalın

kısmındaki sıcaklık anında okunan bir termometrede 170°F olduğunda, suları berraklaştığında yapılır. Tavuk yeterince kızarmadıysa, pişirmenin son 15 dakikası için ısıyı 450°F'ye çevirin.

4. Tavuğu bir tabağa aktarın. Folyo ile gevşek bir şekilde örtün ve oymadan önce 10 dakika sıcak tutun. Sıcak veya oda sıcaklığında servis yapın.

Adaçayı ve Beyaz Şarap ile Kavrulmuş Tavuk

Pollo Arrosto alla Salvia

4 porsiyon yapar

Bu kızarmış tavuğun yöntemi, <u>Biberiyeli Kavrulmuş Tavuk</u> yemek tarifi. Burada tavuk daha yüksek bir sıcaklıkta kızartılır, bu da zamandan tasarruf sağlar ve cilde daha fazla renk verir. Şarap ve limon suyu, tavuk tava sularını tavuk için biraz sosa dönüştürür.

1 tavuk (3 1/2 ila 4 pound)

4 büyük diş sarımsak

Küçük taze adaçayı dalı

Tuz ve taze çekilmiş karabiber

1 küçük limon, ince dilimlenmiş

2 yemek kaşığı zeytinyağı

1/2 su bardağı sek beyaz şarap

2 yemek kaşığı taze limon suyu

1. Fırının ortasına bir raf yerleştirin. Fırını 450 ° F'ye önceden ısıtın. Tavuğu tutacak kadar büyük bir kızartma tavasını yağlayın. Tavaya bir kızartma rafı yerleştirin.

2. Boşluğun içine sarımsak, adaçayı ve limon dilimlerini yerleştirin. Yağı cilde sürün ve tuz ve karabiber serpin. Kanat uçlarını tavuğun arkasına sokun. Bacakları mutfak ipi ile birbirine bağlayın.

3. Tavuğu tavadaki rafa yerleştirin. 20 dakika kızartın. Şarabı ve limon suyunu tavuğun üzerine dökün. 45 dakika daha kızartın, ara sıra tava suları ile yağlayın. Tavuk budu delindiğinde ve uyluğun en kalın kısmındaki sıcaklık anında okunan bir termometrede 170°F olduğunda, suları berrakllaştığında tavuk yapılır.

4. Tavuğu bir tabağa aktarın. Folyo ile gevşek bir şekilde örtün ve oymadan önce 10 dakika sıcak tutun. Tava suları ile sıcak servis yapın.

Kızarmış Domuz Usulü Tavuk

Pollo alla Porchetta

4 ila 6 porsiyon yapar

Orta İtalya'da porchetta, rezene, sarımsak, karabiber ve biberiye ile şiş üzerinde kavrulmuş bütün bir domuzdur. Ancak bu evde kolayca yapılabilecek bir yemek değildir, bu nedenle aşçılar aynı tamamlayıcı tatları daha küçük domuz eti, tavşan, balık ve kümes hayvanı kesimlerine uyarlar. Bu tarifi Umbria'daki şarap üreticilerinin evinde ilk tattığımda, büyük bir tavuğa benzeyen ancak daha lezzetli olan beç tavuğu ile yapılmıştı. Büyük bir kızarmış tavuk da aynı şekilde çalışır. Bu tarifte bütün rezene tohumlarını kullanabilir veya bazı özel mağazalarda bulunan öğütülmüş rezene tohumları olan rezene poleni yerine kullanabilirsiniz.

2 büyük diş sarımsak, ince kıyılmış

2 yemek kaşığı biberiye yaprağı, ince kıyılmış

1 yemek kaşığı rezene tohumu veya rezene poleni

Tuz ve taze çekilmiş karabiber

2 yemek kaşığı zeytinyağı

1 büyük tavuk (yaklaşık 5 pound)

1. Fırının ortasına bir raf yerleştirin. Fırını 450 ° F'ye önceden ısıtın. Tavuğu içine alacak kadar büyük bir kızartma tavasını yağlayın.

2. Sarımsak, biberiye ve rezene tohumlarını çok ince doğrayın. Baharatları küçük bir kaseye koyun. Tuz ve bolca öğütülmüş karabiber ekleyin. 1 çorba kaşığı yağ ekleyin ve birleştirmek için karıştırın.

3. Tavuğu durulayın ve kurulayın. Kanat uçlarını arkadan sıkıştırın. Göğüs ve bacak çevresindeki deriyi parmaklarınızla gevşetin. Bitki karışımının yarısını tavuğun derisinin altına eşit şekilde yerleştirin. Kalanı boşluğun içine koyun. Bacakları mutfak ipi ile birbirine bağlayın. Cildi kalan yağla fırçalayın. Tavuk göğsü tarafı yukarı gelecek şekilde tavaya yerleştirin.

4. 20 dakika kızartın. Isıyı 375 ° F'ye düşürün. 45 ila 60 dakika kızartın. Tavuk, but delindiğinde ve uyluğun en kalın kısmındaki sıcaklık anında okunan bir termometrede 170°F olduğunda, suları berraklaştığında yapılır.

5. Tavuğu bir tabağa aktarın. Folyo ile gevşek bir şekilde örtün ve oymadan önce 10 dakika sıcak tutun. Sıcak veya oda sıcaklığında servis yapın.

Marsala ve Hamsi ile Kavrulmuş Tavuk

Pollo Arrosto alla Catanzarese

4 porsiyon yapar

New York'ta bir tanıdığım olan Giuseppe bana aslen Calabria'lı olduğunu söyledi. Ona o bölgede Catanzaro'yu ziyaret etmeyi planladığımı söylediğimde, morzello yemek için putica olarak bilinen bir tür rustik restorana mutlaka gitmem gerektiğini söyledi. Bir putica'nın, genellikle dışarıda hiçbir işareti olmayan, sadece kapının yanına monte edilmiş pide olarak bilinen büyük bir halka şeklinde ekmek somunu olan mütevazı bir lokanta olduğunu açıkladı. İçeride büyük ortak masalar var ve herkese, kesilmiş işkembe parçalarından ve diğer iç organlardan yapılan bir güveç olan morzello ile doldurulmuş bireysel bir pide servis ediliyor. Adı, "ısırıklar" anlamına gelen morsi'den geliyor.

Planlarım değişti ve Catanzaro'ya hiç gidemedim ama Giuseppe'nin bana büyükannesinin bayramlarda ve özel günlerde yaptığını söylediği bu kızarmış tavuğu yapmaktan keyif alıyorum. Hamsi, Marsala ve tavuk tatlarının kombinasyonu alışılmadık görünebilir, ancak hamsi eriyerek tavuk sularına yalnızca tuzlu bir zenginlik katarken, Marsala cevizli bir tat katar ve tavuğun güzel bir altın kahverengiye dönmesine yardımcı olur.

1 tavuk (3 1/2 ila 4 pound)

Tuz ve taze çekilmiş karabiber

1/2 limon

2 yemek kaşığı tuzsuz tereyağı

8 hamsi filetosu, doğranmış

1/4 çay kaşığı taze çekilmiş hindistan cevizi

1/2 su bardağı kuru Marsala

1. Fırının ortasına bir raf yerleştirin. Fırını 450 ° F'ye önceden ısıtın. Tavuğu içine alacak kadar büyük bir kızartma tavasını yağlayın.

2. Tavuğu durulayın ve kurulayın. Kanat uçlarını arkadan sıkıştırın. İçine ve dışına tuz ve karabiber serpin. Boşluğun içine yarım limon, tereyağı, hamsi ve muskat koyun. Tavuğu göğüs tarafı aşağı gelecek şekilde tavaya yerleştirin.

3. Tavuğu 20 dakika kızartın. Tavuk göğsü tarafını dikkatlice yukarı çevirin ve 20 dakika daha kızartın. Marsala'yı tavuğun üzerine dökün. 20 ila 30 dakika daha kızartın, tava suları ile 2 veya 3 kez bastırın. Tavuk, but delindiğinde ve uyluğun en kalın

kısmındaki sıcaklık anında okunan bir termometrede 170°F olduğunda, suları berraklaştığında yapılır.

4. Tavuğu bir tabağa aktarın. Folyo ile gevşek bir şekilde örtün ve oymadan önce 10 dakika sıcak tutun. Sıcak servis yapın.

Doldurulmuş Kavrulmuş Capon

Cappone Ripene al Forno

6 ila 8 porsiyon yapar

Lombardiya bölgesinde Noel yemeği için, rosto kapon için doldurma geleneksel olarak domuz sosisi ve taze veya kuru meyvedir. Mostarda - hardal aromalı bir şurup içinde kavrulmuş incir, mandalina, kayısı, kiraz, limon ve şeftali gibi çeşitli meyveler - tipik eşliktir.

8 ila 10 kilo ağırlığında hadım edilmiş horozlar olan horozlar genellikle tatillerde taze olarak bulunur ve yılın geri kalanında dondurulur. Etli ve suludurlar, tavuk gibi bir tada sahiptirler, sadece daha yoğundurlar. Bu tarif için büyük bir kızarmış tavuk veya küçük bir hindi kullanılabilir, ancak pişirme süresini ağırlığa göre ayarlamanız gerekecektir.

8 ons günlük İtalyan veya Fransız ekmeği, kabukları çıkarılmış ve parçalara ayrılmış

½ su bardağı süt

1 kiloluk sade domuz sosisi, kılıfları çıkarıldı

10 çekirdeksiz kuru erik, doğranmış

2 büyük yumurta, dövülmüş

¼ çay kaşığı taze rendelenmiş hindistan cevizi

Tuz ve taze çekilmiş karabiber

1 kapon (yaklaşık 8 pound)

2 yemek kaşığı zeytinyağı

2 yemek kaşığı kıyılmış taze biberiye

½ su bardağı sek beyaz şarap

1. Geniş bir kapta ekmeği 15 dakika sütte ıslatın. Ardından ekmeği çıkarın, sütü atın ve fazla sıvıyı boşaltmak için ekmeği sıkın. Tekrar kaseye yerleştirin.

2. Sosis, kuru erik, yumurta, tuz ve karabiber ekleyin ve hindistan cevizi ekleyin ve iyice karıştırın.

3. Fırının ortasına bir raf yerleştirin. Fırını 350 ° F'ye ısıtın. Kaponu tutacak kadar büyük bir kızartma tavasını yağlayın.

4. Kaponu durulayın ve kurulayın. Kuşu sosis karışımıyla hafifçe doldurun. (Artan iç malzeme aynı anda tereyağlı bir fırın

tepsisinde pişirilebilir.) Tatmak için yağ, biberiye ve tuz ve karabiberi karıştırın. Karışımla kuşun her tarafını ovun. Kuşu göğüs tarafı aşağı gelecek şekilde tavaya yerleştirin.

5. 30 dakika kızartın. Şarabı tavaya dökün. 30 dakika sonra ve bundan sonra her yarım saatte bir, kuşu biriken sıvılarla yağlayın. Kuş 60 dakika piştiğinde, göğüs tarafını dikkatlice yukarı çevirin. Toplam 2 saat 15 dakika veya uyluğun en kalın kısmına yerleştirilen anında okunan bir termometre 180 ° F ölçene kadar kızartın.

6. Kaponu bir tabağa aktarın. Sıcak tutmak için 15 dakika hafifçe folyo ile örtün.

7. Tavayı devirin ve tavadaki sıvı yağı büyük bir kaşıkla alın. Kaponu oyup, meyve suları ve doldurma ile servis yapın.

Baharatlı Kaburga, Toskana Usulü

Spuntature alla Toscana

4 ila 6 porsiyon yapar

Lucini zeytinyağı şirketinden arkadaşlarla Toskana'nın Chianti bölgesindeki zeytin yetiştiricilerinin evini ziyaret ettim. Gazeteci grubumuz zeytin ağaçlarının arasında öğle yemeği yedi. Çeşitli bruschette ve salamlardan sonra, hepsi asma kesimleri üzerinde ızgara edilmiş biftek, sosis, kaburga ve sebzeler servis edildi. Lezzetli bir zeytinyağı ve ezilmiş baharatlarla marine edilmiş domuz kaburgaları benim favorimdi ve hepimiz karışımda ne olduğunu tahmin etmeye çalıştık. Tarçın ve rezene kolaydı ama bir diğer baharatın yıldız anason olduğunu öğrenince hepimiz şaşırdık. Bu tarif için küçük bebek sırtlı kaburga kullanmayı seviyorum ama kaburga da iyi olur.

2 yıldız anason

1 yemek kaşığı rezene tohumu

6 ardıç meyvesi, ağır bir bıçağın kenarı ile hafifçe ezilmiş

1 yemek kaşığı koşer veya ince deniz tuzu

1 çay kaşığı tarçın

1 çay kaşığı ince öğütülmüş karabiber

Bir tutam ezilmiş kırmızı biber

4 yemek kaşığı zeytinyağı

4 pound bebek sırtlı kaburga, ayrı kaburgalar halinde kesilmiş

1. Bir baharat öğütücü veya karıştırıcıda yıldız anason, rezene, ardıç ve tuzu birleştirin. İnce olana kadar yaklaşık 1 dakika öğütün.

2. Büyük, sığ bir kapta, baharat öğütücünün içindekileri tarçın, karabiber ve kırmızı biberle birleştirin. Yağı ekleyin ve iyice karıştırın. Karışımı kaburgaların her yerine sürün. Kaburgaları kaseye yerleştirin. Plastik sargıyla örtün ve ara sıra karıştırarak 24 saat buzdolabında saklayın.

3. Isı kaynağından yaklaşık 6 inç uzağa bir barbekü ızgarası veya piliç rafı yerleştirin. Izgarayı veya ızgarayı önceden ısıtın. Kaburgaları kurulayın, ardından kaburgaları kızarana ve tamamen pişene kadar yaklaşık 20 dakika sık sık çevirerek ızgara yapın veya kızartın. Sıcak servis yapın.

Kaburga ve Fasulye

Puntini ve Fagioli

6 porsiyon yapar

Önümde yoğun bir hafta olduğunu bildiğimde, bunun gibi yahniler yapmayı seviyorum. Sadece önceden yapıldıklarında gelişirler ve tatmin edici bir akşam yemeği yapmak için sadece hızlı bir şekilde yeniden ısıtmaya ihtiyaçları vardır. Bunları ıspanak veya escarole gibi pişmiş yeşillikler veya yeşil salata ile servis edin.

2 yemek kaşığı zeytinyağı

3 pound kır tarzı domuz kaburga, bireysel kaburgalar halinde kesilmiş

1 soğan, doğranmış

1 havuç, doğranmış

1 diş sarımsak, ince kıyılmış

21/2 pound taze domates, soyulmuş, çekirdekleri çıkarılmış ve doğranmış veya 1 (28 ons) kutu soyulmuş domates, doğranmış

1 (3 inç) dal biberiye

1 su bardağı su

Tuz ve taze çekilmiş karabiber

3 su bardağı pişmiş veya konserve cannellini veya kızılcık fasulyesi, süzülmüş

1. Büyük bir Hollanda fırınında veya sıkı oturan bir kapağı olan başka bir derin, ağır tencerede, yağı orta ateşte ısıtın. Tavaya rahatça sığacak kadar kaburga ekleyin. Onları her taraftan yaklaşık 15 dakika iyice kızartın. Kaburgaları bir tabağa aktarın. Tuz ve karabiber serpin. Kalan kaburgalarla devam edin. Hepsi bittiğinde, yağın 2 yemek kaşığı hariç hepsini dökün.

2. Tencereye soğan, havuç ve sarımsağı ekleyin. Sık sık karıştırarak sebzeler yumuşayana kadar yaklaşık 10 dakika pişirin. Kaburgaları, ardından domatesleri, biberiyeyi, suyu ve tadına bakmak için tuz ve karabiberi ekleyin. Kısık ateşte kaynamaya bırakın ve 1 saat pişirin.

3. Fasulyeleri ekleyin, üzerini kapatın ve 30 dakika ya da et çok yumuşayana ve kemikten ayrılana kadar pişirin. Tatlandırın ve baharatı ayarlayın. Sıcak servis yapın.

Biber Turşusu ile Baharatlı Domuz Pirzolası

Braciole di Maiale con Peperoncini

4 porsiyon yapar

Acı biber turşusu ve tatlı biber turşusu, sulu domuz pirzolası için güzel bir sostur. Acı biber ve tatlı biberlerin oranlarını damak tadınıza göre ayarlayın. Bunları patates kızartması ile servis edin.

2 yemek kaşığı zeytinyağı

Her biri yaklaşık 1 inç kalınlığında 4 orta kesimli domuz filetosu pirzolası

Tuz ve taze çekilmiş karabiber

4 diş sarımsak, ince dilimlenmiş

1 1/2 su bardağı dilimlenmiş tatlı biber turşusu

1/4 su bardağı dilimlenmiş peperoncini veya jalapeños gibi acı biber turşusu veya daha fazla tatlı biber

2 yemek kaşığı salamura suyu veya beyaz şarap sirkesi

2 yemek kaşığı kıyılmış taze düz yapraklı maydanoz

1. Büyük, ağır bir tavada, yağı orta-yüksek ateşte ısıtın. Pirzolaları kağıt havluyla kurulayın, ardından tuz ve karabiber serpin.

Pirzolaları kızarana kadar yaklaşık 2 dakika pişirin, ardından maşayla ters çevirin ve diğer tarafını yaklaşık 2 dakika daha kahverengi hale getirin.

2. Sıcaklığı orta dereceye düşürün. Sarımsak dilimlerini pirzolaların etrafına dağıtın. Tavayı kapatın ve 5 ila 8 dakika veya pirzolalar yumuşayana ve kemiğe yakın kesildiğinde hafifçe pembeleşene kadar pişirin. Sarımsağın koyu kahverengiye dönüşmemesi için ısıyı ayarlayın. Pirzolaları servis tabağına alın ve sıcak kalması için üzerini kapatın.

3. Tavaya tatlı ve acı biberleri ve salamura suyunu veya sirkeyi ekleyin. Karıştırarak 2 dakika veya biberler iyice ısınana ve suları şurup haline gelene kadar pişirin.

4. Maydanozu karıştırın. Tencerenin içindekileri pirzolaların üzerine dökün ve hemen servis yapın.

www.ingramcontent.com/pod-product-compliance
Lightning Source LLC
Chambersburg PA
CBHW070415120526
44590CB00014B/1402